바닷가 그 입맛

바닷가 그 입맛

갯것들의 맛과 멋

구활 지음

눈빛

구활

경북 경산 하양에서 태어나다. 매일신문 문화부장 논설위원을 지내다. 『하안거
다음 날』『고향집 앞에서』『바람에 부치는 편지』『어머니의 손맛』『풍류의 삿바』
『맛있는 여행』등 출간. 현대수필문학상, 대구문협문학상, 금복문화예술상(문
학), 원종린문학(대상), 대구광역시 문화상(문학부문)등 수상. 방일영문화재단,
한국문화예술진흥위원회, 대구경북연구원 등으로부터 저술 지원금 수혜.

바닷가 그 입맛
- 갯것들의 맛과 멋

구활 지음

초판 1쇄 발행일 ― 2016년 9월 10일
발행인 ― 이규상
편집인 ― 안미숙
발행처 ― 눈빛출판사
            서울시 마포구 월드컵북로 361 이안상암 2단지 506호
            전화 336-2167 팩스 324-8273
등록번호 ― 제1-839호
등록일 ― 1988년 11월 16일
편집 ― 성윤미·이솔
인쇄 ― 예림인쇄
제책 ― 일진제책
값 12,000원

ISBN 978-89-7409-950-3 03040
copyright ⓒ 2016, 구활

자서 自序

음식은 먹어 봐야
맛을 안다.
이 글은
먹지 않고 읽어 보면
음식맛을 금방 알 수 있다.

바닷가를 돌아다니며
오만 갯것들을
먹어 보는 것이나
책갈피를 넘기며
한줄 한줄
읽어 보는 것이나
무엇이 다르랴.
많이들 잡숴요.

2016. 9.
구활

차례

헤밍웨이 바다

제주도에 간다. 제주 명물인 방어 낚시를 하러 간다. 오전 8시 5분 아시아나 편으로 들어가 오후 4시 45분 대한항공 편으로 돌아오는 짧은 여정이다. 제주 당일치기라면 '비싼 항공료 아깝다'는 생각이 먼저 든다. 그렇지만 시간을 제대로 잘 쪼개 쓰기만 하면 낚시하고, 술 한 잔 곁들여 점심 먹고, 커피까지 마실 수 있는 충분한 시간이다.

공항에 내리니 백내장 낀 눈으로 보는 세상처럼 온통 뿌옇고 흐리다. 새벽에 내린 가을비 냉기가 아직 물러서지 못하는 늦여름 지열에 부딪혀 갈 곳을 잃고 해매는 모양이다. 포도 위에 자욱한 안개는 붉고 푸른 지붕 색깔까지도 흑백사진으로 변환시키는 신통한 재주를 지니고 있다. 들을 때마다 가슴이 서늘해지는 로스 판초스가 부른 〈희미한 옛 사랑의 그림자 (Luna Liena)〉란 노래도 오늘처럼 는개가 소리 없이 내리고 있는 거리를 걷다 가사를 쓰고 아름다운 곡을 붙이지 않았을까.

키 큰 야자나무와 종려나무 등 이른바 남국의 식물들은 가을이 와도 쉽게 단풍이 들지 못한다. 그렇다고 여름의 짙푸른 젊음으로 청춘을 노래하지도 못하고 어정쩡하게 서 있는 허수아비처럼 제주의 거리를 지키고 있다. 어쩌면 남국 식물들도 고향을 그리워하는 향수병에 걸려 안개비에 젖어 늘어진 잎새로 눈물을 흘리고 있는지도 모른다.

이호항으로 달리는 차 안에서 이 생각, 저 생각을 하다 문득 어니스트 헤밍웨이를 기억해 내곤 무릎을 탁 쳤다. 오늘처럼 물때도 좋지 않고 본격적인 방어 트롤링이 시작되기엔 조금 이른 철이어서 조황이 불황으로 연결될 불길한 생각이 언뜻 스치고 지나갔다. 한 마리도 잡지 못할 경우엔 『노인과 바다』의 헤밍웨이를 추억하는 일로 시간을 보낸다면 그렇게 슬퍼하거나 노여워할 일만은 아닐 것 같았다.

미국 플로리다 키 웨스트 앞바다는 넓고 깊다. 소설의 주인공인 산티아고 영감은 84일 동안 한 마리의 고기도 잡지 못했다. 그에게는 마놀린이란 풋내기 소년 조수가 있었다. 소년의 아버지는 아들이 유능한 낚시꾼을 따라다니며 몇 마리의 고기라도 얻어 오기를 원하고 있었다. 그러나 아들은 그가 존경하는 영감 곁을 떠나지 못하고 산티아고의 말벗이 되어 주고 있었다. 85일째 되던 날은 운명의 날이었다. 영감은 '큰 고기를 잡을 수 있다'는 강한 신념을 낚싯배에 싣고 바다로 떠났다.

키 웨스트 앞바다의 산티아고 영감이나 제주 앞바다의 나의 생각이나 별반 다를 바 없었다. 영감의 목표는 청새치 한 마리였고 나는 팔뚝만한 방어 한 마리였다. 영감의 불길한 운수가 내게로 전이되어 왔는지 물살을 가르는 붉은 찌 위로 84란 숫자가 가물거리는 것 같았다.

화투나 낚시는 운칠기삼(運七技三)의 원리가 다분히 작용하는 놀이다. 특히 화투놀이는 똥을 밟거나 상여 나가는 꿈을 꾸면 한두 끗발 정도는 당길 수 있지만 낚시는 그날의 바람과 수온 즉 물때가 맞아 떨어져야 대어를 낚을 수가 있지 사람의 손끝에 달린 기술이 좌우하는 것은 아니다.

배를 타자마자 선장이 던져 주는 얼레처럼 생긴 도구에서 루어 낚시가 달린 줄을 풀어 바다로 흘려보냈다. 큰 고기가 물렸을 때 기선을 빼앗기지 않도록 '캄발라'라는 인도 물소경기때 선수들이 고삐를 감아쥐고 엄지에 힘을 주는 방식으로 줄을 잡고 배의 요동에 적응해 나갔다. 무슨 주문을 외울까, 어떤 기도를 드려야 '혹시'가 '역시'로 전락하지 않고 한 마리의 소원을 이룰 수 있을까.

산티아고 영감은 석 달이 지나도록 고기 한 마리 구경도 못했다. 그는 속으로 안달했지만 조수 앞에서는 늠름했다. 나는 입질 한 번 없이 한 시간이 지나자 조바심이 일기 시작했다. 나에게 낚싯대를 맡기고 뒷전에서 구경하던 지인 둘은 내 뒤통수를 보고도 초조해 하는 기미를 알아채는 것 같았다. 애를 써 산티아고 영감의 불안해 하지 않는 기다림의 미학을 흉내내려고 했지만 바다는 냉정했다.

도플갱어(Doppelganger). 빈 낚시가 두 시간으로 넘어서자 헤밍웨이 바다에 도플갱어라는 환영 같은 생령(生靈)이 낚싯대 주변에 어른거리는 것 같았다. 그건 다름 아닌 상어 떼에 물어뜯겨 뼈만 앙상한 청새치를 끌고 해안으로 돌아온 산티아고 영감의 질긴 인내의 모습이었다.

　오늘은 한 마리도 못 낚았다. 그렇지만 헤밍웨이 바다에서 산티아고 영감의 영혼을 만나 아주 값진 추억이란 대어를 낚은 10월의 어느 멋진 날이었다.

나로도 삼치

삼치는 잘생기고 멋있는 생선이다. 삼치가 머릿속에서 떠오르면 시네마스코프 화면에 상연되는 영화 같다는 생각이 든다. 다 같은 등 푸른 생선이지만 고등어는 비스타비전 화면 같고 정어리나 꽁치는 환등기 화면처럼 볼품이 없다. 그동안 많은 고기들을 잡아도 보았고 어부들이 정치망에서 건져 올린 싱싱한 생선들을 뱃전에서 회를 쳐서 먹어도 보았다.

그러나 삼치는 동해 바다에서 쉽게 잡히는 고기가 아니어서 만날 기회가 적은 편이다. 경상도 사람들은 기껏 갈치나 고등어와 친할 뿐 삼치는 먹는 방법부터 서툴다. 삼치 맛에 익숙하지 않기 때문이다. 익숙하다는 것은 자주 즐긴다는 뜻이다. 반대로 익숙지 못하다는 것은 자주 만나지 못하여 낯설다는 말이다.

우리는 삼치라고 하면 단번에 구이를 떠올린다. 그동안 어시장 목판에 누워 있는 길이 30센티미터 정도의 자그마한 삼치만 봐왔기 때문이다. 이곳 나로도 어시장 사람들은 새끼 삼치를 '고시'라 부른다. 이런 새끼들은 맛이 비려 잘 먹지 않는다. 삼치라는 거룩한 이름은 적어도 1킬로그램이 넘는 보기만 해도 듬직한 놈을 그렇게 부른다.

삼치는 횟감 생선이다. 아주 큰 것은 10킬로그램이 넘는 대물도 있지만 보통은 3~5킬로그램짜리 중치를 골라 생선회로 뜬다. 너무 큰 것은 맛이 없고 너무 작은 놈은 여물지 못해 풋맛이다. 이곳 사람들은 "고시가 삼치 축에 끼들 못해유" 하며 아예 거들떠보지 않는다. 횟감 삼치는 두어 시간 얼음에 재워 숙성시켜 먹어야 제맛이 난다. 선도 유지를 목적으로 냉동을 하면 무른 살이 녹아 버려 씹을 게 없다. 와인을 얼음통에서 식히듯 삼치도 얼음으로 다스려야 한다.

삼치는 물의 온도가 따뜻한 곳에서 자라는 남방계 어류다. 찬물에서 자라는 북방계 어류는 살이 단단하지만 남방계는 살이 연하여 흐물흐물한 느낌을 준다. 그래서 얼음 속에서 숙성 과정을 거치면 경직 현상이 일어나 쫄깃쫄깃해져 씹을 맛이 난다.

음식은 먹어 본 사람이 많이 먹는다. 삼치회는 여수, 고흥, 순천, 보성 등 전남 동부권 사람들이 즐겨 먹는다. 지리적으로 가까운 부산과 하동 쪽 사람들까지 구이 쪽을 선호하지 회는 좋아하지 않는다. 이곳 나로도 출신 출향인사들은 겨울이 시작되는 삼치맛 나는 계절이 돌아오면 4~5명씩 그룹을 지어 찾아와 5킬로그램짜리 정도는 잠시 해치워 버린다. 그들은 삼치회를 먹는 것이 아니라 고향의 추억을 되새김질해 가며 먹는 것이다.

예부터 나로도와 거문도 사이의 바다는 삼치 어장이 형성된 곳이다. 제주의 방어와 자리돔, 울릉도의 오징어, 연평도의 조기, 임자도의 민어 어장처럼 파시 때는 전국에서 작부들이 모여들고 동네 개들이 지폐를 물고 다닐 정도였다. 특히 나로도 항은 어장이 가깝고 수심이 깊어 배들이 내왕하기 좋아 일제 때부터 삼치 전초기지였다.

나로도 부근에서 잡히는 물량으론 턱없이 모자라 완도 청산도는 물론 여수의 배들이 삼치를 싣고 와 이곳 어판장에 넘겼다. 현지에서 파는 것보다 집산지에 내다 팔면 훨씬 비싼값을 받을 수 있었기 때문이다. 옛 영화는 한물갔지만 요즘도 나로도 어시장의 삼치들은 비닐을 깐 얼음침대에 누워 〈돌아오라 소렌토로〉를 부르고 있다. '아름다운 저 바다와 그리운 그 빛난 햇빛 내 맘속에 잠시라도 떠날 때가 없도다.'

나는 삼치에 관한 한두 가지 추억을 안고 있다. 바다낚시를 다닐 때였다. 구룡포항에 방어 떼가 밀고 들어와 정부미 포대로 고기를 건져 내고 있다는 소식을 들었다. 다음 날 바로 내려갔다. 값이 오르고 있다는 소식을 듣고 주식을 사는 것과 같이 나는 역시 막차 손님이었다.

이튿날 아침 끄심발이 낚시 채비를 챙겨 다시 바다로 나갔지만 참치다랑어란 몽땅하게 생긴 고기 두 마리만 잡았을 뿐이었다. 마침 커다란 삼치 한 마리를 낚은 어부에게서 헐값으로 사서 아침부터 해장술에 취해 뽕짝 파티를 벌인 적이 있다.

또 한번은 동해의 월포란 바닷가에서 있었던 일이다. 동네

15

예비군 모임에서 회식 초청이 들어왔다. 저녁을 먹고 술말값을 봉투에 넣어 마을회관으로 나갔다. 회원들은 그날 아침 정치망에서 건져 올린 삼치를 굵은 소금을 출출 뿌려 가며 잉걸불에 굽고 있었다.

배화교 광신도인 나는 오랜만에 멋진 예배를 올렸다. 살아 있음에 감사하는 예배의 제물은 구운 삼치 한 토막과 막걸리 한 잔. 그날 밤 역시 뽕짝 찬송을 불렀는지 어쨌는지는 전혀 기억에 없다.

도다리 쑥국

쑥은 지구의 속살이다. 생명을 이어 주는 세포가 살아 있는 한 속살은 돋아나기 마련이다. 히로시마 원폭 투하 때도 모든 식물이 죽었지만 이듬해 봄 쑥은 지표를 뚫고 살아났다. 쑥은 강인한 생명력의 표본이다.

시인 T. S. 엘리엇은 〈황무지〉란 시에서 "4월은 가장 잔인한 달/ 죽은 땅에서 라일락을 키워내고/ 추억과 욕망을 뒤섞고/ 잠든 뿌리를 봄비로 깨운다"고 읊었다. 시인은 추위에서 갓 깨어난 대지에 봄이 오는 소리를 듣고 봄비가 잠든 뿌리를 흔들어 향이 짙은 라일락의 꽃핌을 예고했다. 4월을 가장 잔인한 달이라고 말한 것은 새순들이 껍질을 찢고 나와야 하는 아픔을 견뎌야 하기 때문에 그렇게 표현했으리라.

꽁꽁 얼어붙어 있는 겨울 대지를 보면 봄은 절대로 오지 않을 것처럼 느껴진다. 더욱이 원자폭탄의 회오리가 휩쓸고 지나간 땅에는 풀잎 하나 돋아날 것 같지 않다. 그러나 계절은 순환의 질서에 따라 새싹과 꽃들을 데불고 헌신하듯 돌아와 대지를 푸르게 수놓는다.

반칠환 시인은 대지에 싹과 꽃을 피워내는 '보이지 않는 손'을 요리사에 비유해 〈봄〉이란 시를 썼다. "저 요리사 솜씨 좀 보게/ 누가 저걸 냉동 재론줄 알겠나/ 푸릇푸릇한 저 싹도/ 울긋불긋한 저 꽃도/ 꽝꽝 언 냉장고에서 꺼낸 것이라네." 겨우내 냉동고 같았던 지구의 거죽을 뚫고 봄이 오면 싱그럽게 솟아오르는 새싹들의 혁명과업은 한마디로 경이로운 은총 그 자체다.

　눈보라 치는 겨울 몇 달 동안의 혹한을 견뎌 내고 새순들이 이룬 쾌거는 정말 장하다. 그러나 모든 살아 있는 생명체의 숨통을 거둬 가는 방사성 원소의 가공할 위력을 견뎌 내고 생명의 숨결을 보듬어 새싹으로 피워 내는 쑥의 끈질김 앞에는 찬탄을 금할 수 없다.

　지금 일본 후쿠시마 쓰나미 현장에서 일어나고 있는 원자로 붕괴로 인한 방사능 오염 재난도 낙담만 하고 있을 게 아니다. 들판 여기저기의 밭둑에 돋아나고 있는 쑥을 보면서 '언젠가 봄은 반드시 오려니' 하고 희망과 용기를 갖는다.

　나는 쑥을 좋아한다. 쌀가루에 햇쑥을 버무려 찐 쑥 털털이도 좋고, 멸치 우린 물로 끓인 쑥국은 말할 것도 없다. 훌쩍 자란 쑥의 대궁이만 잘라 빚은 쑥떡도 감칠맛 나는 음식 중의 하나다.

　뒤늦게 안 사실이지만 바닷가 쪽으로 쏘다니면서 만난 이른 봄의 도다리 쑥국 맛은 여태까지 먹어 봤던 쑥 관련 음식 중에 단연 백미였다. '봄 도다리 가을 전어'란 말이 있듯 바다 밑 모래밭에서 겨울을 이겨 낸 도다리란 놈과 해충을 잡는다는 구실로 밭두렁에 불을 지르는 농부의 손길을 피해 돋아난 쑥의 만남은 환상이다 못해 묘미의 극치였다.

남해 지방의 전라도 사람들은 해마다 '보리싹을 넣은 홍어애국을 먹어야 봄기운을 차린다'지만 경상도 쪽 사람들은 도다리 쑥국을 봄철 미각의 으뜸으로 친다. 봄철은 도다리 산란기다. 해마다 이맘때면 도다리들은 민족 번영의 꿈을 위해 부른 배로 몸살을 앓는다. 암놈은 노르스름한 알을 배고 수놈은 이리(정액)를 가득 품어 상대를 만나기만 하면 한바탕 축제를 벌일 작정이다.

쑥국에 들어가는 도다리는 수놈이 맛은 낫지만 골라 먹을 수는 없다. 약간의 된장을 푼 쌀뜨물에 도다리를 넣고 끓이다가 고기가 익을 무렵 다진 마늘과 어슷 썬 풋고추를 넣는다. 그런 다음 햇쑥 한 움큼을 넣고 가스불을 꺼 버리면 맛은 일손 바쁜 주방장 대신 만물을 주관하는 하나님이 책임을 진다.

금년에도 통영 정량동에 있는 한산섬식당이나 여객선 터미널 앞 분소식당에 가서 도다리 쑥국 한 그릇을 먹고 와야 봄 신명이 제대로 접힐 것 같다.

도리포 연포탕

어느 시인이 인도 여행길에 올랐다. 지루한 일상에서 벗어나 잃어버린 나를 찾기엔 인도가 안성맞춤이라고 생각했다. 그래서 이왕 나선 김에 인도 내의 행선지를 색다른 시도로 결정하기로 했다. 닳아빠진 인도 지도를 무릎 위에 올려놓고 눈을 감은 채 세 바퀴를 돌린 다음 손가락으로 한 지점을 찍었다.

마음속 도박을 하면서도 손가락 끝에 찍힌 그곳이 비행기가 내리는 기착지에서 가까웠으면 하고 은근하게 바랐지만 빗나가고 말았다. 그곳은 동인도 캘커타에서 아주 먼 인도 대륙을 동에서 서로 한 바퀴 횡단해야 하는 정말 머나먼 곳이었다. 그렇다고 포기할 수는 없었다. 자기와의 약속을 깨느니 여행을 취소하는 게 나았다.

그곳은 인도 서부와 파키스탄 국경 근처에 있는 사막 귀퉁이의 작은 마을 쿠리라는 곳이었다. 도상 거리는 기차로 쉬지 않고 달리면 40시간이 넘게 걸리는 거리였다. 시인은 인도의 시간 개념을 최대한으로 감안하여 70시간으로 예정하고 달리기 시작했다. 그 예상 또한 빗나가고 말았다.

공항에서 내리자마자 인도를 점령하기 위해 길 떠난 희랍의 알렉산더 대왕처럼 대륙을 가로 질러 달리고 또 달렸다. 일곱 번 기차를 갈아타면서 4일은 기차역에서 잤고 3일은 기차 칸에서 배낭을 베고 새우잠을 잤다. 걸린 시간은 8일 반나절이 걸렸다. 어렵게 도착한 쿠리 마을은 아무것도 볼 게 없었다. 아무것도 정말 아무것도 볼 것 없는 그걸 보려고 먼지와 냄새를 뒤집어써 가며 그렇게 달린 것이다.

'심심하다'는 생각이 깊어지면 더러는 살기가 싫어질 때도 있다. 백수의 하루가 그렇게 고달픈 것이다. 고속도로 지도를 펼쳐 놓고 내 스스로 코끼리 코를 늘어뜨려 서너 바퀴를 돈 다음 손가락으로 찍어 보았다. 전라도 무안, 함평 근처 함평만이란 바다가 찍혔다. 인도를 찾아간 시인처럼 나의 행선지는 함평만을 물고 있는 어느 포구쯤 되리라 생각했다.

은퇴 친구들 등산모임인 천 개의 산을 오르겠다는 목표로 결성한 천산대학산악부의 다음 행선지를 무안 쪽으로 정하고 일박이일 일정으로 길을 나섰다. 일단 무안 버스정류장 뒤편에 있는 시장에 들러 뻘낙지 몇 마리를 사 스티로폼 박스에 담았다. 우리들의 밤을 즐겁게 해줄 귀한 친구들이다. 무조건 해안도로를 타고 달렸다. 마음에 드는 하룻밤 머물 곳은 좀처럼 나타나지 않았다. 혼기를 놓친 처녀총각처럼 약간은 허탈한 마음 앞에 '도리포 가는 길'이라는 화살표 팻말이 언뜻 눈에 띄었다.

"우회전해 봐, 도리포로 들어가 보자." 예상은 적중했다. '도리'라는 마을 이름은 내 고향이자 본적지인 경산시 하양읍 도리(島里)와 똑같았다. '고향은 어떤 경우에도 배반하지 않는다'는 평소의 믿음이 이날처럼 적중되기는 처음이었다. 도리포는 일출과 일몰의 풍경을 제자리에 앉아서 볼 수 있는 이본(二本) 동시상연의 정말 멋진 포구였다. 시인이 찾아간 쿠리라는 마을은 아무것도 볼 것 없는 볼 것이 있었지만 이곳 도리포는 너무 많은 볼 것들이 볼 것 천지를 이루고 있었다.

도리포의 식당들은 뭍의 발기가 성낸 얼굴로 바다 깊은 곳으로 삽입되어 있는 곶(串) 끝에 나란히 줄 지어 있었다. "배고파 죽겠다"는 친구들과 연포탕 전문집으로 들어가 주린 배를 애무하듯 낙지로 채워 넣었다. 냄비 속에서 살기 위해 몸부림치는 산낙지의 운명을 유리뚜껑으로 들여다보고 있으니 '삶도 낙지와 별반 다를 게 없다'는 생각이 문득 스쳐 지나갔다.

고향 아닌 고향 같은 도리포의 바닷가 숙소인 '바다 진흙 체험장'은 하나님의 은총과 같은 석양의 놀라운 풍경을 끌어안고 우리를 기다리고 있었다. 반 고흐의 초기 작품에 나옴직한 어두운 화면 속에 바다는 그렇게 누워 있었다. 나는 갯가에서 마신 술기를 주체하지 못하고 패티 김이 부른 〈틸(Till)〉이란 노래를 부르기 시작했다. "틸… 푸른 밤하늘에 달빛이 사라져도 사랑은 영원한 것…."

남창장의 어물전

남창장은 옛날부터 '입 아픈 장'이자 '허망한 장'이란 별명을 갖고 있었다. 완도대교가 개통되기 전에는 완도의 들머리에 위치한 남창장은 인근 바다의 해산물과 들판의 곡식들이 몰려드는 집산지였다. 장날마다 많은 장꾼들이 밀려와 인산인해를 이루었다. "괴기(고기) 이름이 뭐여?" "어찌게 묵냐?" "내장과 껍데기는 어쩌냐?" 일일이 대답할라치면 입이 아파 "워따, 지지고 볶아 멋대로 묵어" 해 버린다.

남창장은 손님이 워낙 많아 '골장'(해가 질 때까지 열어 두는 장)으로 이어지진 않는다. 한때는 아침나절 반짝하고는 오전 11시에 철시했다. 그래서 일찍 문 닫는 '허망한 장'이라 했다. 1985년 연륙교가 생긴 이래 완도의 모든 물산이 13번 국도를 타고 전국으로 실려 나가는 바람에 남창장은 한갓진 곳에서 울고 있는 의붓자식 신세로 밀려났다. 상인들은 타개책으로 손님이 없어도 오후 2시까진 자리를 지키기로 결의한 후 면모는 많이 달라졌다.

요즘은 인근 신흥마을, 안평, 북평, 땅끝, 영전리, 북일면 만

수리, 완도 군외면 사람들, 그리고 밤섬, 남섬을 비롯하여 모세의 기적이 하루 두 번 일어나는 토도의 사람들까지 이고 들고 끌고 이곳 장으로 모여든다. 어물전에는 전어, 병어, 숭어, 방어, 문어, 장대, 꽃게, 낙지, 줄서대 등 바닷고기 백화점으로 손색이 없다.

고기 종류는 철 따라 달라진다. 여름철 낙지가 모습을 감추면 오도리가 팔딱거리며 뛰쳐나온다. 뻘떡게와 화랑게가 보이는가 하면 몸에 누런 반점이 여러 개 찍혀 있는 '목떼기'라 불리는 목탁가오리의 인물도 준수하다.

장바닥에 해물이 풍성하면 상인들의 입도 부지런해진다. "간재미는 신문지로 쓱쓱 문질러 곱(등에 붙어 있는 끈적끈적한 액체)을 떼 내고 썰면 되지만 목떼기는 펄펄 끓는 물로 튀겨 내야 혀." 일장 연설이 시작된다.

그러면 저만치 떨어져 있는 갯것전(조개, 굴 등을 파는 가게)에서도 할머니 연사가 열을 올린다. "바지락은 그믐사리 때것이 좋아. 보름사리 바지락은 달빛 아래서 술 한 잔씩 먹었는가 살이 허물허물 혀. 그리고 물 밑에 사는 물바지락보다야 갯가 뻘에서 사는 참바지락이 알 색깔이 노랗고 맛이 좋지." 잠시 돌아다녔는데도 얻어들은 상식이 한두 개가 아니다.

남도 여행길에 올라 어젯밤은 진도에서 보내고 서둘러 남창장에 도착했다. 이곳 시장 사람들의 인심과 입심 구경 좀 하려고 어물전 곁에 바짝 붙어 앉아 취재수첩을 꺼냈다. 전라도 사투리가 너무 정겨워 아무리 혀를 돌려도 경상도 입은 따라 가지를 못한다. "워따 도시 사람들은 낙자(낙지)와 문에(문어)도 모른당께, 낙자는 그래도 오래 사는디 문에는 금방 디져(죽어) 버려." 해산물의 생김새에 따라 산지를 구별하는 방법과 생선들의 수명까지 훤히 꿰고 있다.

그뿐 아니다. 소라와 비슷하게 생겼지만 몸통이 가늘면서 꽁무니가 긴 비틀이는 외지 사람에게는 쉽게 팔지를 못한다. 회로 먹거나 죽을 끓여 먹어도 맛은 일품인데 살 안에 들어 있는 골(먹으면 머리가 어지럽고 복통이 생기는 노란색 덩이)을 빼내지 않으면 식중독에 걸릴 위험성이 있기 때문이다.

취재를 끝내고 일어서려는데 "어딧 사람이 뭔 생선을 좋아하는지 그건 모르지" 한다. "보성 벌교 쪽은 장대를 알아주고 여수는 민어, 영암은 껄떡(농어), 해남은 숭어, 완도 사람은 돔과 문에를 좋아하지라." 한 번 풀어내 놓으니 밑도 끝도 없다.

낚시로 잡은 굵직한 감생이(감성돔) 세 마리를 사만 원에 샀다. 목을 끊어 피를 뺀 다음 아이스박스에 넣고 강진 방면으로 달리다 보니 도로변 저수지 옆에 푸른 쉼터가 우릴 기다리고 있었다. 날선 칼로 회를 친 다음 술잔을 들고 푸른 하늘을 향해 "건배!"라고 외쳤다. 외박하고 돌아온 누이 얼굴 같은 희멀건 낮달이 빙긋 웃으며 "난 잔이 없어" 한다.

프랑스 화가 마네가 블로뉴 숲에서 그린 〈풀밭 위의 식사〉가 눈곱만큼도 부럽지 않았다. 그림 속의 벌거벗은 여인은 어딜 가고 없었지만 말이야.

서천 마량포구 광어

'어깨너머'란 말이 있다. 나의 생애 전체를 사자성어로 압축한 것 같다. 어깨너머는 정상 채널을 통하지 않았다는 말이다. 다시 말하면 교본이나 스승을 통하지 않고 뭔가를 배우긴 배웠는데 폼은 엉성하고 짜임새가 시원찮다는 뜻이다. 그렇지만 영 신출내기는 아니지만 달통하지는 못한 반거충이 상태를 말하기도 한다.

네 살 되던 해에 아버지를 잃었다. 그래서 어릴 적부터 문중의 냄새도 맡지 못하고 타성받이 집단에 끼어 외톨이로 자랐다. 지금까지 살아오면서 내 마음속에 스승으로 모실 진정한 멘토를 만나지 못했다. 주변 환경 탓이 아니라 순전히 내 마음 탓이란 걸 이 나이가 되어서야 서서히 느끼고 있다.

어깨너머가 나의 스승인 셈이다. 살아오면서 모든 걸 어깨너머로 해결했고 성취될 때마다 기뻐했다. 그러나 배우고자 하는 마음만 있다면 이 세상에 스승 아닌 것이 없다. 삼라만상이 훈장이요 산천은 물론 바람과 구름까지도 인생 독본이다. 영국의 시인 윌리엄 블레이크는 "한 알의 모래 속에서 세계를 보고/ 한 송이 들꽃 속에서 천국을 본다./ 손바닥 안에 무한을 거머쥐고/ 순간 속에서 영원을 붙잡는다"라고 했듯이 바위 하나, 풀꽃 한 송이도 나의 스승이다.

꼭 스승 앞에 무릎을 꿇고 가르침을 받아야 사제지간이 되는 것은 아니다. 명나라 때 사상가 이지는 "벗(友) 앞에 스승(師) 자를 붙여 벗을 스승으로 모시지 못할 이유가 없고 스승으로 모시지 못할 정도면 벗도 될 수 없다"라고 말한 적이 있다. 이를 바꿔 말하면 "어깨너머로 보이는 모든 것들이 도(道)에 이르는 길"이라는 말이 된다.

그러고 보니 여태까지 많은 스승을 만난 것은 분명하다. 깡패 시인, 걸레 스님, 게으른 예술가, 거지 시인, 놀고먹는 풍류객, 예수를 팔아먹는 사기꾼 등등 이루 헤아릴 수가 없다. 그들에게서 어깨너머로 무엇인가를 배웠다. 취할 것은 취하고 뺄 것은 뺐다. 그들이 바로 『천자문』이었고 『동몽선습』이었다.

어깨너머로 배운 생선회를 뜨는 기술을 이야기하려다 이야기가 엉뚱한 방향으로 흘러가는 걸 겨우 붙잡아 제자리에 앉혔다. 나는 젊은 시절부터 바닷가로 떠돌다 생선회 치는 법을 은연중에 습득했다. 그 기술이 연조가 깊어지면서 조금씩 더 터득되고 숙달되어 일식집 주방장을 따라가진 못해도 웬만한 칼질은 남의 신세를 지지 않고 해낼 수가 있다.

지난 초여름에 충남 서천의 마량포구에서 자연산 광어축제를 연다기에 호기심이 발동하여 네 사람으로 구성된 서해 기행팀을 급조하여 날짜에 맞춰 달려갔다. 물론 어깨너머로 배운 칼질이 한몫 단단히 하리라 믿고 생선회 칼 세 개를 숫돌에 갈아 날을 세웠다.

보령을 지나 잠시 길을 잘못 들어 닿은 곳이 무창포 어시장이었다. "그곳이나 여기나 값은 비슷해유. 어느 누가 축제라고 손해 보고 팔겠어유"라는 느린 충청도 말씨에 홀라당 넘어가고 말았다. 3.5킬로그램짜리 광어를 칠만 원에 사서 아이스박스에 넣고 보니 기분은 좋았지만 약간 비싸다는 생각이 들었다.

춘장대 옆 방파제에 앉아 광어회 안주로 화랑이란 멋진 술을 꺼내 서해 기행 자축연을 벌였다. 약간은 비릿한 갯내음이 바람에 실려와 코끝을 간질였으나 코는 거부하지 않고 심호흡으로 받아들였다. 한 병만 더 마셨어도 노래가 튀어나올 것 같았다.

마량포구에 들어서니 온통 광어판이었다. 우리는 축제장에 나온 가장 큰 놈 한 마리를 사기로 했다. 아니나 다를까 자연산 광어가 킬로그램에 일만 삼천 원이었다. 한 손으로 들기가 벅찬 5.8킬로그램짜리를 칠만 오천 원에 찍어 갖고 다니는 중형 아이스박스에 밀어 넣으니 들어가질 않았다. 대가리와 꼬리를 자른 후 억지로 밀어넣었다. 이박삼일 동안의 식량 겸 안주가 준비된 셈이다.

우린 새만금의 긴 다리를 건너 부안군 변산면 대항리 합구마을의 나비펜션에서 짐을 풀었다. 휴대용 도마보다 여섯 배쯤 큰 광어를 탁자 위에 올려놓고 회칼을 잡으니 광어는 너무 크고 칼은 너무 작아 겁이 덜컥 났다. 어깨너머 실력이 감당해 낼지 의문이었다. 전쟁터 야전병원의 군의관처럼 알코올도 없이 수술에 임하는 그런 기분이었다. 수술대 위의 환자 앞에서 주눅 드는 의사 없듯이 나의 이날 칼질은 어깨너머 실력치곤 제법 능란하고 원숙했다.

　부위별 맛있는 순서대로 '뭉티기'로 토막내어 부직포로 감쌌다. 냉장고의 온도를 조절해 가며 정성을 들인 효과 탓에 고기는 얼지 않고 알맞게 숙성되었다. 우리 도반들은 길을 달리다 정자가 보이면 아이스박스를 내려 잘 익은 자연산 광어회에 술 한 잔을 끼얹어 살아 있음을 자축했다. 인생은 정말 아름다웠다.

목포 민어회

본질이란 무엇인가. 사물이나 현상을 성립시키는 근본적인 성질을 흔히 본질이라 말한다. 그것은 변화하는 현상의 특질을 규정하는 지속적인 실재를 말하기도 하고 어떤 것이 존재하고 있다는 사실에 대해 '그것이 무엇인가'란 규정을 말하는 것이다.

이렇게 학문적으로 말하려니 몹시 어렵다. 쉽게 본질을 찾아보자. 붓으로 빛을 찾아 캔버스에 색깔로 옮기는 작업, 소리를 찾아내 오선지에 콩나물로 옮기거나 건반을 두드리는 일, 렌즈로 사물과 현상의 본질을 포착해 내는 것, 혀끝으로 맛을 찾아내 즐기는 행위, 이렇게 무엇을 창조해 내는 것이 본질을 드러내는 일이 아닐까.

별로 먹어 본 적이 없는 민어를 생각하면 맨 먼저 본질이란 낱말이 먼저 떠오른다. 민어는 무엇을 더하거나 빼거나 할 필요가 없는 순진할 정도로 순수하고 담백한 생선이란 글을 읽은 적이 있다. 그 후부터 '민어는 참으로 본질적인 생선'이란 생각을 하게 됐다.

'삼복에 상놈은 보신탕, 양반은 민어탕'이란 말이 있다. 그건 아마 고려 때부터 조선조를 거쳐 근세에 이르기까지 경상도 세력에 밀린 전라도 쪽에서 지어낸 말인 것 같다. 강원도와 경상도에 접해 있는 동해에는 민어가 나지 않고 서남해를 물고 있는 전라도에는 명태가 잡히지 않는 점을 감안한다면 생선 한 마리를 앞에 두고 '반상론'을 펼친다는 것은 애초부터 무리다.

그렇지만 7~9월 무더운 여름철에 제대로 된 민어회와 민어탕을 맛보게 되면 "그게 그러네" 하고 약간씩 고개가 끄덕여진다. 이번 여름 내내 어영부영지내다가 개장국 한 그릇 먹지 못하고 '개 같은 여름'을 보내 상놈 반열에도 들지 못했다. 그러나 내게도 작은 꿈이 있었다. 양반 음식이라 부르는 민어를 배가 부르도록 먹어 보는 것이다.

민어는 대가리부터 꽁지까지 하나도 버릴 게 없다. 산란기를 맞은 여름철에 몸에 기름이 오르기 시작하면 민어는 제맛을 낸다. 씹는 맛을 즐기기 위해 두툼하게 썬 민어회는 워낙 맛이 좋아 별로 씹을 것도 없이 절로 넘어간다. 대가리와 뼈를 삶은 물에 내장을 넣고 끓인 민어탕은 고소한 맛이 깊어 '탕중왕(湯中王)'이란 별칭으로도 불린다. 그 탕 속에서 어쩌다 부레 한 조각을 건지면 횡재나 다름없다.

껍질은 끓는 물로 살짝 데쳐 얼음물에 식혀 기름소금에 찍어 먹으면 맛이 그만이다. 부레는 생것을 맨 소금으로 먹으면 고소하면서도 소 등골을 씹는 것처럼 쫄깃한 맛이 일품이다.

부레는 예부터 소목장들이 나무를 붙이는 풀 중에서 최고로 쳤다. 지금도 장인들 사이에선 성능 좋은 본드보다 민어풀을 더 귀히 여기고 있다. 박물관에 있는 고가구는 모두 민어풀로 이어 붙인 명품들이다.

민어는 여름 음식으로 분명 최고의 자리에 있지만 대구 경북 지역에선 쉽게 만날 수가 없다. 전국의 맛난 음식이 다 모인다는 서울에는 민어 전문음식점이 몇몇 있긴 하지만 호사가들의 전유물인데다 우선 값이 비싸고 요리 방법과 양념이 원형에서 다소 벗어나 진미를 느끼기엔 다소 부족한 면이 있는게 사실이다.

맛은 멋과 마찬가지로 단순소박이 원형이며 그것이 최고의 가치를 지닌다. 민어가 많이 잡히는 목포 인근의 섬사람들은 늦봄 민어 값이 쌀 때 구입하여 냉동고에 보관해 뒀다가 본격적인 삼복철에 한 마리씩 끄집어내어 찜을 해서 먹는다. 찜통에 민어와 무만 넣고 푹 쪄서 소스도 아주 단순하게 간장에 마늘만 다져 넣고 그렇게 즐긴다. 그러니까 서두에 말한 민어의 본질을 그대로 건져내는 셈이다.

나는 여태 음식 취재를 핑계로 목포에 여러 번 다녀왔다. 그것도 민어 요리로 유명한 영란회집에서 한 접시에 사만 오천 원이나 하는 민어회와 민어탕을 실컷 먹고 돌아왔다. 나는 전라도 사람들이 인정하는 삼복에 민어탕을 먹는 양반이다. 그렇지만 개장국을 즐겨 먹는 상놈이기도 하다. 그래, 어쩔래.

백도항의 '니에미 씨'란 생선

나의 발걸음은 옛 선비들의 발뒤꿈치에도 이르지 못함을 절감한다. 젊은 시절부터 나름대로 산수간을 돌아다니긴 했지만 따지고 보면 아장걸음에 불과했다. 이름난 산과 계곡 그리고 물가의 정자를 찾아가 보면 한발 앞서 다녀간 어른들의 족적이 멋들어진 현판 글씨로 공중누각에 걸려 있다.

지금 세상이야 비행기와 KTX 그리고 승용차 등으로 전국이 반나절 생활권으로 단축되었다. 마음만 먹으면 당일에 도착하지 못하는 곳이 없다. 옛날에는 경상도 젊은이가 과거를 보기 위해 한양에 가려면 짚신 꾸러미를 짊어지고 일주일은 걸어야 했다. 또 문인묵객들이 금강산, 묘향산, 구월산 그리고 두류산을 유람하려면 오가는 데 보름, 시 짓고 그림 그리는 데 통상 보름은 소요됐다. 그런데도 수많은 선비들이 먼 길 마다 않고 명산대천을 찾아 멋진 시와 산문 그리고 그림들을 남겼다. 요즘은 그런 선비들이 드물다.

퇴계 이황과 같은 대학자들로부터 촉망을 받았으나 29세에 요절한 홍인우의 『금강산유록』을 보면, "지세에는 높고 낮음의 차이가 있고 경치에는 크고 작음의 차이가 있다. 그런데 높은 것은 낮음의 누적이며 큰 것은 작음의 극치다"라고 읊었다. 젊은 눈이 찾아낸 날카로움은 역시 신선하다.

나는 금강산을 세 번 다녀왔다. 12시간을 걷는 백두산 천지를 오른쪽 어깨에 끼고 도는 서파 코스도 종주했다. 특히 외금강에서는 봄꽃과 가을 단풍을 보았고 내금강에서는 정비석의 '산정무한'에 나오는 장안사터와 표훈사, 보덕암, 묘길상을 둘러보았다. 그런데 금강산의 웅대하면서도 섬세함에 놀라 감탄하면서도 다녀와서는 단 한 줄의 글을 쓰지 못했다. 금강산은 속인이 글로 쓸 산은 아니었다.

여행 도반 몇과 설악산 발치에서 며칠 놀기로 하고 속초로 올라갔다. 마침 고성군 토성면 7번 국도변 청간정 옆에 있는 군인호텔을 겨우 예약할 수 있었다. 호텔의 방값은 실비인 데다 PX의 4홉들이 맥주 한 병이 천 원, 양주는 일만 이천 원, 사우나는 이천 원이었다. 여행경비 줄이기 대가들인 우리에겐 정말 맘에 쏙 드는 숙소였다.

청간정은 설악산에서 내려오는 청간천변의 파도가 넘실대는 바닷가 언덕에 세워져 있는 빼어난 정자다. 이곳 또한 옛 선비들의 발걸음이 잦았던 곳이다. 우암 송시열이 청간정 현판 글씨를 썼으며 그리고 이승만, 최규하 대통령이 편액에 글씨를 남긴 곳이다. 옛날에는 교통편이 불편했음에도 선비들은 산 좋고 물 맑은 곳을 찾아가 시를 지었지만 요즘은 이런 정자에서 음풍농월하는 풍류객을 만나기가 쉽지 않다.

우리가 머무는 삼 일 동안 돈을 절약하기 위해 자가 취사를 하기로 했다. 아침 7시에 인근 백도항으로 올라가 싱싱한 해산물을 구해 와 회를 치거나 탕을 끓이기로 했다. 백도항 어선들은 늦은 오후에 바다로 나가 밤새도록 작업하고 새벽에 돌아와 이곳 경매장을 통해 잡은 고기를 몽땅 넘긴다.

잡은 물량이 적어 경매에 나가지 못하고 세숫대야에 담긴 가자미들이 우리 차지가 되었다. 값이 얼마나 싼지 매일 횡재하는 기분으로 백도항을 드나들었다. 하루는 통통배 부부가 그물에 걸린 작은 가자미를 "니에미 씨"라는 욕을 퍼부우며 길가로 내던지고 있었다. 알고 보니 밤새도록 조업했으나 돈 되는 생선은 한 마리도 걸리지 않았다고 했다.

나는 길가에 버려진 가자미를 주워 "얼마 드릴까요" 하고 물어보았다. "그깐 것, 그냥 가져가세요" 한다. 숙소로 돌아와 칼로 목을 따 피를 빼고 냉장고에 넣어두고 수시로 꺼내 회를 뜨니 숙성된 가자미 맛은 기가 막혔다. 그런데 함께 담겨 온 이면수란 생선은 가자미보다 기름기가 더 많아 그런지 냉장고 안에서 변한 것 같았다. 그것도 모르고 그놈들까지 회를 쳐 먹었더니 그게 식중독의 원인이 될 줄이야.

요즘 보수와 진보 정치인들의 무상급식 논란 속에 "공짜 치즈는 쥐덫 위에만 있다"는 러시아 속담이 대유행이다. 둑 밑에 쪼그리고 앉아 설사를 하면서 공짜 치즈 먹은 것을 얼마나 후회했는지 모른다. 나도 욕 한마디했다. "니에미 씨".

'가자미'란 시(詩)

나는 가자미를 좋아한다. 낚시로 낚는 것도 좋아하지만 먹는 것을 더 좋아한다. 가자미로 만든 음식은 생선회, 구이, 찌개, 조림, 식혜 등 다양하다. 그 중에서도 계절과 요리 방법에 따라 다르지만 가장 맛있는 것은 가자미회다. 가자미 생선회는 아이 손바닥만한 어린놈들을 뼈째로 썬 것을 일본말로 '세꼬시'라 부르고, 조선 부채만한 큰 놈들은 포를 떠서 회를 친다. 회를 뜨고 남은 대가리는 마늘과 함께 뭉뚝 칼로 다져 만두 속처럼 만들어 '다데기'라 부른다. 그 맛은 회 맛에 비할 바가 아니다.

가자미는 종류도 다양하고 이름 또한 수없이 많다. 초심자들에겐 광어와 도다리의 구분이 항상 문제인데 그건 이외로 간단하다. 가게 주인이 광어라고 부르는 놈은 도다리가 아니라 광어란 사실이다. 상세하게 말하면 마주 보았을 때 눈이 오른쪽에 있으면 도다리고 왼쪽에 달린 것은 광어다.

도반들과 함께 떠난 이번 음식여행의 목표는 통대구였지 가자미가 아니었다. 거가대교를 지나 장목에 있는 김영삼 생가

앞에 도착하니 좌판 위에 엎드려 있던 도다리가 이 추위 속에서도 살아 보겠다고 높이뛰기를 하고 있었다. 얼핏 봐도 한 무더기에 대여섯 마리가 얹혀 있는데, 값은 만 원 정도다. "아주머니 이 고기 이름이 뭡니까" 하고 능청을 떨었다. "도다리도 몰러." 두 무더기를 싹 쓸어 담으니 한 마리를 덤으로 던져 준다. 열한 마리 이만 원. 너무 싸다. 비닐봉지 속에서 생명의 아우성이 진동으로 느껴진다.

해변 풍광을 안고 달렸더니 눈과 코가 호사를 한다고 눈웃음 코웃음을 한몫 쳐댄다. "점심 먹을 자리 좀 찾아봐. 등 뒤의 산이 바람을 막아 주고 햇볕 좋은 잔디밭 말이야." 절실한 간구는 하늘에 닿는다더니 그 자리가 바로 거기에 있었다. 우린 여행 중에 좀처럼 식당에서 밥을 사 먹지 않는다. 야외 취사의 재미 때문인지 백수의 절약정신 때문인지 그건 그렇게 중요하지 않다.

작업은 도착 5분 내로 시작된다. 도마와 칼이 나오고 라면을 끓일 버너에 불이 지펴진다. 도다리가 부검대기실에서 기도하듯 숨소리 죽이고 기다리고 있다. 집도의인 나는 정성스레 뼈에서 살을 분리하고 살에서 껍질을 벗겨 낸다. 헤랄드 다비드란 화가가 그린 사람의 가죽을 벗기는 〈캄비세스 왕의 재판〉이란 형벌 그림을 눈앞에 두고 보는 듯하다. 맥주에 위스키를 끼얹은 폭탄주로 음복이라도 하지 않으면 도다리의 마지막 장례 의식에 예가 아닐 것 같다. 목구멍에서 술 넘어가는 소리가 계곡물이 작은 폭포를 타고 넘어가는 소리처럼 들린다.

섣달은 산란기여서 도다리회 맛이 별로일 철이지만 먹어 보니 그게 아니었다. 이구동성으로 "회 맛 하나 쥑인다"였다. 도반 중 한 사람이 눈밭 속에서 꼿꼿하게 견디고 있는 마른 억새를 꺾어와 맥주캔에 꽂아 꽃 대신에 식탁을 장식했다. 그건 우리가 부릴 수 있는 최상의 멋이자 풍류다.

서두에 가자미로 만들 수 있는 음식을 얘기하면서 빠뜨린 게 하나 있다. 그건 눈과 입과 귀로 먹는 최상의 음식인 바로 시(詩)다. 문태준 시인의 〈가재미〉란 시를 식탁의 갈대 옆에 함께 올린다.

"김천의료원 6인실 302호에 산소마스크를 쓰고 암투병중인 그녀가 누워있다./ 바닥에 바짝 엎드린 가재미처럼 그녀가 누워있다./ 나는 그녀의 옆에 나란히 한 마리 가재미로 눕는다./ 가재미가 가재미에게 눈길을 건네자 그녀가 울컥 눈물을 쏟아낸다./ 한쪽 눈이 다른 한쪽 눈으로 옮겨 붙은 야윈 그녀가 운다./ 그녀는 죽음만을 보고 있고 나는 그녀가 살아 온 파랑 같은 날들을 보고 있다./ 좌우를 흔들며 살던 그녀의 물 속 삶을 나는 떠올린다./(중략)그녀의 숨소리가 느릅나무 껍질처럼 점점 거칠어진다./ 나는 그녀가 죽음 바깥의 세상을 이제 볼 수 없다는 것을 안다./ 나는 다만 좌우를 흔들며 헤엄쳐 가 그녀의 물속에 나란히 눕는다./ 산소호흡기로 들이마신 물을 마른 내 몸 위에 그녀가 가만히 적셔준다." 시는 생선회보다 훨씬 더 맛있는 음식이다.

벌교 탕탕낙지

벌교는 남도여행의 전진기지이자 보급창이다. 여행의 일정이 잡히면 맨 먼저 달려가는 곳이 벌교다. 이곳에는 아무리 먹어도 물리지 않는 낙지를 싼값에 실컷 먹을 수 있기 때문이다. 그리고 남해 일대와 목포 주변의 섬으로 여행할 때도 이곳에서 해산물 먹거리를 싣고 떠나야 안심이 된다. 웬만큼 큰 섬이라도 모든 생필품을 비롯하여 생선 횟감들은 육지에서 반입해야 하기 때문에 섬에서 파는 물건 값은 대체로 비싼 편이다.

벌교는 교통의 요충지여서 인근 지역의 농수산물들이 밀려들어와 오일장(4일, 9일)이 아닌 평일에도 필요한 것들은 얼마든지 구할 수 있다. 그래서 이곳은 관광객들의 해산물 특히 건어물 구입처로 명성이 높다. 벌교를 대표하는 해산물은 꼬막 낙지 키조개를 꼽을 수 있고 계절에 따라 피조개, 바지락 등 조개류와 파래, 톳, 매생이 등 해초도 풍성하다.

예부터 "여수에서 돈 자랑 말고, 벌교에서 주먹 자랑 말고, 순천에서 인물 자랑 말라"는 말이 있다. 원래 여수는 항구도시인 데다 밀수가 성행하여 돈이 많았고, 벌교는 득량만의 참꼬막 생산이권을 둘러싸고 건달들이 설친 것도 하나의 원인이긴 하지만 이곳 사람들의 깡다구 기질이 강해 '벌교 주먹'은 알아주었다. 그러나 순천은 구색을 갖추다 보니 인물 좋은 사람이 많다고 하여 그렇게 불렀다고 한다. 친구들끼리 아호를 짓기 시작하면 뒤질세라 너도나도 따라 짓듯이 지역별 장기자랑 대결이 벌어지자 강진은 양반 자랑, 고흥은 노래 자랑, 장흥은 글 자랑, 진도는 글씨 자랑을 들고 나와 남해 벨트 내의 소도시들이 서로 어깨를 겨루고 있다.

벌교가 자랑할 것은 실은 주먹이 아니다. 이 고장이 품고 있는 산수풍광과 명승고적이 바로 자랑거리의 진수다. 크게는 순천에 포함되어 있지만 벌교 주변에는 내세울 것이 아주 많다. 조계산 선암사와 낙안읍성 그리고 순천만 갈대숲을 대표적으로 꼽을 수 있다.

선암사만 해도 그렇다. 태고총림의 대찰인 선암사는 건성으로 한 바퀴만 돌아도 눈과 코가 시원할 뿐 아니라 정신이 맑아진다. 물론 햇볕과 불어오는 바람이 바탕 되어 그렇겠지만 아늑한 절집 분위기에 매료되면 정호승 시인의 말마따나 '선암사 해우소에 쭈그리고 앉아 실컷 울지' 않아도 눈물이 절로 나오는 절이 바로 선암사다.

그러고 나서 이른 아침 안개 자욱한 갈대숲 뻘밭 복판에 놓여 있는 나무다리 무진교(霧津橋)를 지나 맞은편 용산전망대로 오를 일이다. 그러면 김승옥의 소설 『무진기행』에 나오는 대대포구의 안개나루가 한눈에 들어온다. 안개 바다에 갇혀 진작 바다는 볼 수 없지만 '무진'이 품고 있는 안개 세상에 푸근하게 안길 수 있다. 그래서 벌교는 주먹의 고장이 아니라 문학의 고장이다.

나는 벌교를 좋아한다. 살고 있는 이 도시에서 출발하면 세 시간 반쯤 걸리는 그리 가깝지 않은 벌교를 일 년에 서너 차례 찾아간다. 목적지는 벌교시장이지만 가는 길에 선암사엘 들러 내 영혼에 끼인 먼지와 때를 벗기는 나만의 수행을 한다. 나의 정신세계를 지탱해 주는 이런 도량이 있다는 것은 어쩌면 축복이자 은혜인지도 모른다.

선암사에서 읍내로 내려오는 길에 전화를 한다. 벌교시장 안 탁자가 둘뿐인 여자만식당의 광산 김씨 할머니께 인원수를 밝히고 점심을 주문한다. "탕탕낙지 한 쟁반하고 연포탕요." 탕탕낙지는 할머니집 앞에 있는 낙지 가게에서 건져 온 산낙지를 마늘과 풋고추를 약간씩 넣고 도마 위에서 난도질한 것이다.

일 년에 몇 차례밖에 들르지 않아도 단골 대접을 한다며 낙지값은 마리당 사온 원가만 받고 연포탕 값만 계산한다. 탕에 이어 나오는 밑반찬의 맛은 가히 환상적이다. 생선조림, 꼬막과 파래무침, 미역 줄기와 된장, 황석어 젓갈 등 어느 것 하나 맛깔스럽지 않은 게 없다. 그런데 지난봄 할머니가 몸이 편찮아 문을 닫았다는데 그 문은 영 열릴 기미가 없다. 이제 벌교에 가도 즉석 탕탕낙지를 먹을 곳이 없으니 어쩌지.

비를 위한 발라드

날씨를 탓하지 않아야 한다. 산행을 하든 놀러를 가든 날씨는 하늘에 맡겨야지 원망해서 될 물건은 아니다. 옛날에는 '우천 시 순연'이란 말이 통했지만 요즘은 통하지 않는다. 교통편과 숙소 그리고 식당까지 예약제이기 때문에 비 오고 바람 분다고 계획을 취소할 수는 없다.

출발 열흘 전에 낙안민속휴양림을 예약하고 길을 나섰다. '남부지역은 비'라는 예보가 약간은 께름칙했지만 크게 우려할 정도는 아니었다. 대소간 행사에는 반드시 오두방정을 떠는 망나니가 있기 마련이지만 이번 여행에도 촉새 같은 친구가 끼어들어 달리는 차 안에서 날씨 타령을 하며 계속 훼방만 놓고 있었다.

"비 오는 날 경주 불국사나 화순 운주사의 우중 운치가 얼마나 좋은지 너희들은 잘 모르지. 오늘 우산을 들고 선암사 편백나무 숲길을 한 번 걸어 보면 우리가 진작 몰랐던 산사의 정취를 느낄 수 있을 거야." 불평분자를 다독거리는 말을 계속 지껄였지만 호남고속도로로 진입하자 빗방울은 더 굵어졌다.

별로 마음 내켜 하지 않는 친구들을 불러 모아 어렵게 출발한 여행이었다. 친구들은 앉아서 맛있는 음식 먹을 생각만 했지 궂은 날씨와의 전쟁은 전혀 예상하지 못하고 있었다. 그것도 그럴 것이 여행 마니아들끼리 팀을 이뤘으면 아무 문제가 없었겠지만 기본이 없는 초심자들은 불평불만부터 먼저 쏟아 놓는 법이다.

　빗길 네 시간을 달려 선암사 입구에 도착하니 "용용 죽겠지" 하는 투로 빗발은 더 강해졌다. 주차장에서 절까지 1킬로미터를 걸어가자고 우길 처지가 아니었다. 계곡에 내려서서 승선교 아치 사이로 비에 젖은 강선루를 쳐다보는 그 멋진 풍경을 놓치는 것이 아까웠지만 어쩔 도리가 없었다. "생애 중에 이런 기회는 다시 오지 않을 텐데." 낙안읍성 앞에 이르렀지만 빗줄기는 여전했다.

　눈의 호사를 위해 여행을 떠났지만 눈은 정작 풍경을 보지 못하니 안타깝다. 이럴 땐 혀의 만족이란 차선책으로 위기를 모면하는 수밖에 없다. 벌교시장 뒷골목에 있는 영광식당에서 서대무침회 한 접시와 생선찌개를 시켰더니 그동안 하늘을 향해 퍼붓던 '비의 투정'이 '비를 위한 발라드'로 바뀌어 소주잔 부딪치는 소리 속에 웃음이 묻어났다.

　요즘 푸줏간에서는 고기를 부위별로 팔듯 사람의 행복도 부위별 느낌이 다른 법이다. 눈과 귀가 느끼는 느낌도 서로 달라 빛과 소리의 장르로 갈라진다. 그래서 눈은 미술을, 귀는 음악을 담당한다. 입과 코도 상황 별로 임무를 다르게 떠맡는다.

통상적인 업무는 밥 먹고 그냥 냄새를 맡는 것이다. 그러나 수컷이 암컷을 만나는 돌발 상황이 발생하면 입과 코가 서로 협조하여 물고 빨고 체취를 맡아 오감을 만족시키는 일에 복속되기도 한다.

인간의 궁극적 행복은 '등 따시고 배부른 것'이다. 병상에 누워 있는 간암 말기 환자의 복수가 찬 모습을 보고 하는 말은 아니다. 그것은 위장이 느끼는 행복지수가 극에 달했을 때 하는 말이다. 행복을 느끼고 있는 시간대에 약간의 불행이 감지되어도 배불러 둔해진 육체는 그걸 쉽게 알아채지 못한다.

시장에서 낙지 몇 마리 챙겨 넣고 숙소인 휴양림으로 올라갔다. 비는 계속 내렸지만 뱃속에는 따사로운 햇볕이 드는지 아무도 불평하는 이가 없었다. 유리창 너머 산빛은 흐릿한데 천상병의 〈비 오는 날〉이란 시 한 편이 떠오른다.

"아침 깨니 부실부실 가랑비 내린다./ 자는 마누라 지갑을 뒤져/ 백오십 원을 훔쳐 아침 해장으로 나간다./ 막걸리 한 잔 내 속을 지지면/ 어찌 이리도 기분이 좋으냐?/ 가방 들고 지나는 학생들이/ 그렇게도 싱싱하게 보이고/ 나의 늙음은 그저 노인 같다./ 비오는 아침의 이 신선감을/ 나는 어이 표현하리오?/ 그저 사는 대로 살다가/ 깨끗이 눈감으리오."

그저 사는 대로 살다가, 그저 사는 대로 살다가. 그렇고 말고. 아멘.

원주민 섬 처녀

선유도 유혹은 편지 한 줄 때문이었다. "서해의 뻘밭은 동화의 나라 그대로입니다. 조수간만의 차가 없는 동해만을 바다로 알고 있었습니다. 그런 우리가 얼마나 어리석은지를 바닷물이란 바닷물은 죄다 빠져나간 서해의 뻘밭이 가르쳐 주었습니다. 옆으로 달리면서 바로 가는 줄 아는 게들의 뜀박질, 밀물 따라 들어왔다가 썰물 따라 빠져나가지 못한 새우들의 팔딱거림, 뻘 밑구멍 속에 손을 넣으면 뭉클한 감촉이 전해 오는 낙지와의 만남, 이런 것들이 선유도 갯벌이 주는 선물입니다.

선유팔경 중 제1경인 선유낙조는 행복을 좇는 이에겐 행복한 환상을, 인생의 덧없음을 느끼는 늙은이에겐 허무의 실체를, 멋진 젊음을 구가하는 젊은이에겐 밀어의 달콤함 같은 그런 풍경입니다. 선유도에 와서 지는 해의 서러움을 느껴 보지 않고선 감히 이곳에 와 봤다고 말할 자격이 없습니다. 육지의 모든 것들을 포기하고 선유도에 살았으면 합니다. 원주민 처녀와 결혼하여 원주민을 닮은 그런 아기를 낳고 싶습니다."

어느 해 여름, 지인이 보내 온 선유도 편지를 읽고 오랜 몸살을 앓았다. 안 가보곤 못 견딜 것 같았지만 나를 묶고 있는 인연의 끈들이 쉽게 풀어 주지 않았다. 그로부터 이 년 뒤 배 낭하나 달랑 둘러메고 군산으로 달려갔다. 여름도 늙어 버렸는지 성수기 때 하루 두 번 왕복하던 정기여객선도 데크에 발목을 묶고 쉬고 있었다.

아하, 한 발 늦었구나. 여름 사람들이 떠나 버리자 배는 일주일에 두 번 왕복으로 편수를 줄여 버린 상태였다. 민박집에 짐을 풀고 인근 식당에서 고기 토막을 주먹만큼 크게 썬 아귀탕 한 그릇을 사 먹고 들어왔다. 멍석 위에 앉아 있으니 지금은 고인이 된 가수 박경애가 〈곡예사의 첫사랑〉이란 노래를 열창하고 있었다. 선유도엘 가서 낙지 잡고 고동 줍는 꿈이 곡예사의 서글픈 사랑처럼 허망하게 끝나 버리고 말았다.

그 다음 해, 재도전에 성공했으나 선유도는 시설이나 환경이 여러 가지로 미비했다. 섬사람들이 특급이라고 권하는 선유중학교 앞의 여관을 숙소로 잡았지만 마당만 클 뿐 하급 여인숙 수준이었다. 그래도 선유도의 명물 망주봉과 바다가 알맞게 내려다보였다. 그보다는 저녁상에 오른 못생긴 서대란 생선으로 끓인 매운탕 맛은 정말 일품이었다. '뚝배기보다 장맛'이라더니 바로 그랬다.

선유도의 장관은 우리가 머물고 있는 선착장 주변의 중앙지역이 아니라 해수욕장에서 장자도로 넘어가는 섬 뒤편에 있었다. 초승달의 곡선처럼 알맞게 휘어진 2킬로미터가 넘는 아름다운 해변은 그야말로 그림이었고 한 편의 시(詩)였다. 우째 이렇게 아름다울 수가 있을까.

선유도에 왔으니 선유낙조를 놓칠 수야 없지. 해변의 언덕에 올라서니 역광으로 비친 섬들의 실루엣은 장려한 낙조 속에 황금빛 후광을 토해 내고 있었다. 그리고 이따금씩 지나가는 저녁 바람을 안은 돛단배의 모습은 물감을 나이프로 찍어바른 거친 마티에르 그대로였다.

아름다운 선경을 보면 왜 술이 당기는지 모르겠다. 살평상에 술상을 차려 달라고 부탁했다. 짭조름한 갯것 반찬 사이에 대장처럼 군림하는 서대회 무침은 또 다른 별미였다. 잠은 학교 숙직실에서 자고 여관에 밥을 대놓고 먹는 외지에서 온 선생님들과 합석하여 소주잔을 주고받았다. 달은 어느새 동쪽 하늘에 훤하게 떠올라 조촐한 잔치자리의 등불 역할을 해 주고 있었다.

달은 밝고 바다는 혼자 칭얼대며 옹알이를 하는 멋진 밤이었다. 이 밤을 이대로 보내면 죄가 될 것 같았다. 벌떡 일어섰다. 큰 키가 휘영청 달빛 아래서 몇 번 휘청거렸다. 아무도 청하지 않는 노래를 부르기 시작했다.

"틸(Till), 푸른 밤하늘에 달빛이 사라져도 사랑은 영원한 것, 틸, 찬란한 태양이 그 빛을 잃어도 사랑은 영원한 것. 오! 그대의 품안에 안겨 속삭이던 사랑의 굳은 맹세, 틸, 강물이 흐르고 세월이 흘러도 사랑은 영원한 것."

선유도 참돔

'눈에 밟힌다'는 말은 참 재미있는 표현이다. 그 표현 속에는 여백이 보이고 감칠맛이 난다. 발에 밟히는 모든 물건은 문드러지거나 흠집이 나면서 상하는 게 일반적이다. 그러나 눈에 밟히는 것은 '갖고 싶다' '보고 싶다'는 뜻을 에둘러 표현한 것으로 지극한 애틋함이 서려 있다.

눈에 밟히는 것들은 한 번쯤 봤거나 만났던 기억을 갖고 있지만 두 번 다시 만나지 못한 것들이다. 그것은 한 번 다녀온 곳에 다시 가고 싶다거나 흥정하다 만 물건을 다시 사러 갔으나 이미 팔리고 없을 때 느끼는 감정이다. 눈에 선한 것은 그리움이 빚어내는 하나의 현상이지만 그것보다 강도가 더 높은 것이 눈에 밟히는 것이다.

그러나 사랑은 예외다. 유행가의 '한 번 보고 두 번 보고 자꾸만 보고 싶네'라는 가사처럼 사랑하는 사람은 보면 볼수록 보고 싶을 뿐 자주 봤다고 물리는 법이 없다. 눈을 떠도 눈에 밟히고 눈을 감아도 선하게 다가온다. 이은상 작사 현제명 작곡의 〈그 집 앞〉이란 가곡을 들어보면 '오가며 그 집 앞을 지나노라'던 옛 생각이 문득 떠올라 새삼 눈에 밟히는 그 소녀가 못내 보고 싶어진다.

선유도에 다녀오고 나서 그 섬이 자꾸만 눈에 밟혀 애를 먹었다. 이박삼일을 머물렀지만 겉껍데기만 핥고 왔다는 생각이 들었다. 그 다음 해 여름, 선유도행을 결심하고 팀을 새로 구성했다. 젊은 시절부터 산과 바다를 함께 다녔던 산꾼과 스쿠버 다이버들이 여덟 명이나 모였다.

이번에는 선유도를 비롯한 고군산열도의 여러 섬들을 훑어볼 요량으로 낚시배를 가지고 있는 민박집을 잡았다. 그 집은 선착장에서 조금 떨어진 바닷가 언덕바지에 있었지만 탁 트인 바다 경치가 그만인 데다 주인 내외의 마음씨가 좋아 어디든 데려 달라하면 군소리하지 않고 앞장서 걸었다.

선장인 주인아저씨는 마누라 흉보는 것이 장기였다. 이유인즉 장가올 때 자신은 불알 두 쪽밖에 가진 게 없어 부잣집 막내딸인 얼굴이 살짝 얽은 아가씨를 각시로 맞았다고 털어 놓았다. 그런데 문제는 돈의 힘을 앞세운 마누라의 구박이 심해 참고 사느니 실컷 두들겨 패주고 육지로 도망이라도 가고 싶은 심정이라고 했다.

그래서 마누라 잔소리가 듣기 싫어 낚싯대 하나 둘러메고 바다로 나가는 게 일과라고 했다. 첫날은 독립문 바위를 지나 관리도 부근으로 들어가 바위 벼랑에 붙어 있는 홍합을 한 망태기 넘게 따 왔다. 등산과 수중탐험 명인들인 박상열, 장건웅, 이상시 씨 등 암벽 전문가 세 사람이 바위에 달라붙어 채

취해 온 담치는 어른 주먹만한 것들로 껍질도 얼마나 두꺼운지 화덕에 구워 먹어 보니 맛이 기가 막혔다.

다음 날 아침, 선장은 "오늘은 바다에 나가 아까다이(참돔)나 한 마리 건져오면 안주거리는 충분하겠제"라고 중얼거리며 시동을 걸었다. 선장의 배가 바다 한가운데 떠있는 돔 낚시 배에 접근하니 "소주 있음 한 병 주소" 하고 낚시꾼들이 먼저 말을 걸어온다.

선장은 얼른 싣고 온 소주와 음료수를 건네 주고 선유도에 놀러 와서 생선회 맛을 못 본 우리의 처지를 설명하고 "잡은 고기 중에서 잔챙이 한 마리만 팔아라"라고 애원한다. 그들이 물칸에서 끄집어낸 잔챙이란 돔 새끼는 등지느러미에 5.4킬로그램이란 패찰을 붙이고 있었다. "이거 서울 가면 삼십만 원은 쉽게 받는데 사만오천 원만 주소." 횡재는 바로 이런 것이다.

우린 횡재의 기쁨을 술로 자축할 수밖에 다른 도리가 없었다. 내가 돔을 끌어안고 배에서 내리는데 대가리와 꼬리가 뒤에서도 훤하게 보일 정도였다고 하니 선유도 잔챙이 고기의 크기를 대충 짐작은 하시겠지.

구박 전문 마나님도 이날은 "오늘은 일 같은 일 좀 했네"라고 남편을 격려해 주었다. 오호라, 구박의 원인이 여태 '일 같은 일'을 제대로 하지 못한 데 있었구나. 아뿔사.

소래포구 꽃게

포구는 아늑하고 따뜻하다. 포구라는 소리만 들어도 어머니의 자궁 속처럼 편안하게 느껴진다. 때로는 양수 속에서 자맥질하며 '그 속에서 놀던 때가' 그리울 때도 있다. 어디로든 떠나고 싶을 때면 머릿속에는 항상 포구를 그린다. 어쩌면 포구는 돌아가야 할 마지막 본향인지도 모른다.

포구의 생김새는 여인의 그것과 사뭇 닮아 있다. 두 곳의 육지가 바다로 뻗어나간 그 사이에 포구는 다소곳이 존재한다. 용감한 병사처럼 바다로 돌진해 나간 곶(串) 끝에는 통상 등대가 초병처럼 서서 바다를 지키고 있고 포구는 곶을 바람막이로 하여 조용히 잠든다.

옛날에는 포구라 해도 그렇게 북적대지는 않았다. 새벽이면 몇몇 어선들이 통발이나 낚시를 준비하여 바다로 나가고 조업이 끝나면 더러 만선 깃발을 펄럭이며 포구로 돌아왔다. 그때는 여인네가 배를 타는 것은 엄격하게 금지되어 있었다. 하루해가 지루했던 여인들은 심심파적으로 바다를 향해 아이를 낳은 것이 포구 앞 바다 위의 외로운 섬이 되었다.

"더 이상 갈 곳이 없는 사람은 안다/ 섬이 왜 바다에 홀로 떠 있는 것인지/ 떠나간 사람을 기다려 본 사람은/ 백사장에 모래알이 왜 그리 부드러운지/ 섬은 그리움의 모래알/ 거기에서 울어 본 사람은 바다가 우주의/ 작은 물방울이라는 것을 안다/ 진실로 우는 사람의/ 눈물 한 방울은 바다보다도 크다." (원재훈의 시 〈섬에서 울다〉 중에서)

소래포구란 곳을 가보고 싶었다. 한 번도 가보지 못한 곳이었지만 소래라는 그 이름이 좋았다. 소래포구는 인천 외곽의 어디쯤 있다는데 대구에서는 길이 너무 멀어 인연이 쉽게 닿지 않았다. 그래서 소래포구는 앙금처럼 남아 있는 마음속의 숙제였다.

'귀신같이 안다'는 말이 있다. 조상귀신들도 귀신같이 알기 때문에 후손들이 명절 제사를 해외여행 중 호텔에서 지내도 미리 알고 찾아온다는 유머가 있다. 우리 집은 제사를 모시지 않기 때문에 조상님들이 귀신같이 찾아올 리도 없지만 명절 아침에 올리는 추모예배를 외지에서 지내는 것은 쉽게 용납되지 않았다.

그런데 서울에 살고 있는 딸이 "이번 추석은 우리 집에서 지내시는 게 어떨런지요. 하루는 북한산 산행을 하고 다음 날은 소래포구에서 생선회도 잡숫고요." 한 개의 프로그램 안에 산과 바다가 함께 들어 있어서 옛날 삼류극장의 '이본 동시상연'과 같아 그 멋진 유혹을 떨쳐 버리기가 쉽지 않았다. "그래, 갈게. 소래포구에는 꼭 가야 돼."

추석 당일에는 도시락을 둘러메고 북한산을 다녀왔다. 다녀와서는 소래포구에 대한 정보를 얻기 위해 인터넷 서핑을 해보니 상상 속으로 그리던 그런 포구는 아닌 것 같았다. 여태까지 한 번도 가보지 못한 소래포구를 머릿속으로 그리면서 그곳에 가기만 하면 그곳에 뿌리를 내리고 살고 있는 사람들의 내력과 인정을 인연처럼 만날 수 있을 것이라 자신했었다.

시인 곽재구는 『포구기행』이란 책을 쓰기 위해 한반도의 포구를 돌아다녔다. 시인은 육자배기 가락을 주문처럼 입에 달고 사는 할머니를 만나 장터바닥에서 인생의 심연에서 뿜어올리는 소리를 들었다. 가락을 뿜아 올릴 때의 그 형형한 눈빛을 잊지 못해 시인은 시를 썼다고 한다.

그런데 소래포구에 다녀온 네티즌들은 주차난, 야바위 저울, 바꿔치기 상인들의 행태를 적나라하게 지적하고 있었다. 그래도 어쩌랴. 얄팍한 상혼과 정면 승부를 해보기로 했다. "식당에서 생선회를 먹자"는 딸의 건의를 받아들이지 않고 "아버지가 하는 대로 따르라"라며 앞장설 수밖에 없었다.

그동안 여행을 하면서 팬션 숙박비에도 경로우대를 적용받았던 실력을 발휘하여 큼직한 광어 한 마리와 꽃게 한 소쿠리를 착한 가격에 구입하여 집으로 돌아와 근사한 상을 차리게 했다. 이번 소래행은 딸에게 알뜰 장보기의 시범을 보인 그런 여행이었다.

술잔 속 마량포구 출렁다리

눈에 밟히는 풍경이 있다. 강진 앞바다인 구강포 마량포구가 그랬다. 은퇴 후에 딱히 할 일이 없어 흐느적거리며 여기저기를 돌아다녔다. 그동안 가고 싶어도 못 가본 강원도, 충청도, 전라도 쪽으로 방향을 잡았다. 통상 이박삼일 여정이었지만 때론 일주일이 넘을 때도 있었다. 여행지는 주로 바닷가 또는 섬이었다. 아무래도 산촌보다는 어촌이 생선과 갯것 등 먹거리가 풍성했다. 우리 몸은 음식으로 장소를 기억해 내고 거기서 이야기 거리를 만들어낸다. 그래서 추억의 절반은 맛이라고 말한다.

그동안 다녀온 곳은 의외로 많았다. 발가락까지 동원해도 모두 꼽을 수가 없을 정도였다. 이에 비례해서 다시 한 번 가보고 싶은 곳도 그만치 많았다. 그런데도 군이 구강포가 제일 먼저 눈에 밟히는 것은 고저녁한 포구 풍경이 건드리면 툭 터져 한 줄금 눈물이 쏟아질 것 같았기 때문이다.

구강포를 처음 찾았을 때가 이 년 전 눈 오는 겨울이었다. 지친 몸을 하룻밤 의탁할 민박에 들기에는 이른 시각이었다.

달리는 차창에 비친 포구의 풍경이 너무 아름다웠다. 사방에는 사람의 그림자 하나 보이지 않아 그야말로 적막하고 쓸쓸했다. "오늘은 이 동네에서 자고 가지." 도반들 모두가 좋다고했다.

방 앞이 바로 바다인 숙소에 들어 잠시 잠을 청했으나 눈은 말똥말똥했다. 앤디 윌리엄스가 부른 〈해변의 길손(Stranger on the shore)〉이란 노래를 흥얼거리며 무작정 바닷가를 걷기 시작했다. 흰 눈에 덮인 포구는 엄숙한 노천 장례식이 거행될 식장처럼 분위기가 무겁게 가라앉아 있었다. 그렇지만 눈에 덮인 폐선과 방파제 그리고 뭍에서 섬으로 연결되어 있는 보행자 전용 출렁다리는 장례식의 소품처럼 가지런히 정돈되어 있었다.

어쩌면 슬픈 축제는 광란의 축제보다 한 수 위에 존재하며 장례의식은 혼인예식보다 미학적으로 훨씬 더 아름답다. 출렁다리 어귀에 이르자 서쪽 하늘은 눈 온 뒤에 끼인 농무가 빛을 잃어 가는 저녁답임을 알려 주었다. 저녁 준비를 해야 한다는 강박관념이 오랜만에 찾아온 사색의 시간을 앗아가 버렸다. 출렁다리를 건너 섬을 한 바퀴 돌아보는 호사는 다음에 즐기기로 하고 돌아섰다.

그로부터 정확하게 일 년 반이 지난 후 초여름 길목에 다시 구강포를 찾았다. 지난겨울에 신세를 졌던 그 집을 숙소로 정하고 새벽같이 달려왔다. 마량 입구인 강진군 군덕면 쌍덕리 다리걸 옆 푸조나무와 굴참나무 두 그루가 짙은 그늘을 드리

우고 있는 정자나무 밑에서 간단하게 점심을 때웠다.

벌교시장에서 사온 문어만한 굵은 산낙지 몇 마리를 삶았더니 낙지와 김밥 중에서 어느 것이 밥이고 어느 것이 반찬인지 구분이 되지 않았다. "우리가 산낙지의 다리 하나를 입에 넣어 우물우물거리며 씹어 먹는 동안 바다는 얼마나 서러웠겠니, 바다는 또 얼마나 많은 절벽 아래로 뛰어내렸겠니"라고 읊은 정호승 시인의 〈산낙지〉란 시를 까맣게 잊어버리고 희희낙락했다.

숙소에 들기 전 마량어시장에 들러 강섬돔과 자연산 광어 각 한 마리, 갑오징어 세 마리를 저녁파티용으로 준비했다. 또 자연산 전복 1킬로그램에 오만 원이란 유혹을 떨쳐 버리지 못하고 그것도 주워 담았다. 장보기를 마친 여섯 도반들은 점심때 과하게 먹은 낙지를 소화시키기 위해 산책에 나섰다. 그 길은 바로 오매불망 눈에 밟히던 출렁다리가 있는 풍경 속으로 들어가는 것이었다.

산책길은 길이 438미터, 폭 2.6미터인 보도 전용 출렁다리를 건너 작지만 아름다운 가우도를 오른쪽으로 반 바퀴 돌아야 한다. 다시 선착장 부근에서 길이 748미터 출렁다리를 건너 강진군 선전면 월하리 마을회관까지 나가야 한다. 여기서부터는 다산 유배길인 다산수련원→다산초당→백련사→철새도래지→남포마을→목리마을→강진5일장→사의재→영랑생가로 이어지는 1코스(15km)와 연결된다.

오늘 산책은 월하리에서 되돌아오는 두 시간 남짓으로 끝을 냈지만 갯바람 속에서 온몸으로 즐기는 풍광은 가히 일품이라 할 만하다. 그런데, 그런데 말이다. 눈에 밟히는 풍경은 계속 밟히도록 그냥 두는 게 옳은지, 다시는 눈에 밟히지 않도록 실컷 밟아 보는 게 옳은지 아직 해답을 찾지 못하고 있다.

술상을 폈다. 물때를 벗겨 내고 뜨거운 김으로 쪄 낸 전복이 술맛을 당기게 한다. 오늘 걸었던 출렁다리가 술잔 속에서 출렁인다.

외포항 대구 칼국수

강호동의 '일박이일'이란 연예 프로를 본다. 참 재미있다. 이 프로그램을 볼 때마다 '나는 왜 저런 곳에 갈 수 없을까'라고 생각한다. 방법을 찾아보기 위해 여행 도반들을 불러 모았다. 그들은 하나같이 "우리가 시간이 없나, 신발이 없나, 가면 되지 왜 못 가"라고 부추긴다.

우린 PD가 없고 촬영감독이 없고 ENG 카메라가 따라붙지 않는 여행 프로그램을 짜기 시작했다. 우리는 강호동 팀보다 하루가 더 많은 이박삼일로 일정을 잡았다. 행선지는 거가대교를 지나 거제, 통영, 고성, 삼천포, 광양, 순천, 여수, 벌교, 승주 방면의 남해안 일원으로 정했다.

우린 음식 끝에 마음이 상하거나 잠자리 문제로 시비를 하는 일이 없도록 '복불복 게임'은 하지 않기로 합의했다. 그래서 공동체 조직원들은 모든 것을 동등하게, 먹을 때 같이 먹고 한방에서 같이 뒹굴기로 결정했다. 그런데 호동이 팀의 구호인 '일박이일!'을 모방하자는 의논은 한 적이 없는데 하나의 행위가 단락이 질 때마다 '이박삼일!'이란 구호를 소리 높여

외치기 시작했다. 늙은 아이들의 장난치곤 조금은 과했다. 이
박삼일!

거가대교를 지나 거제도 장목의 외포항으로 들어갔다. 남해
안 포구의 섣달은 온통 통대구판이다. 어자원의 고갈로 어판
장의 좌판들이 비어 있는 곳도 있지만 어선들이 몰려드는 이
름난 어시장은 영하 10도 전후의 강추위 속에서도 파시를 이
룬다. 새벽 찬바람을 헤치고 달려 나가는 어선들이 모두 대구
잡이 배들뿐이어서 그런지 몰라도 시장바닥에서 발에 차이는
것은 통대구와 물메기뿐이다.

우린 출발에 앞서 외포항 어시장에서 근사한 통대구 한 마
리를 사서 남들이 한 번도 시도해 본 적이 없는 요리를 우리
손으로 만들어 보기로 했다. 장터 바닥에는 통대구들이 좌판
위에 몸집의 크기대로 반편성을 하여 가지런히 누워 있었다.
'반피데기'라 불리는 놈들은 내장을 비워내고 공중에 걸려 있
는 대나무 장대에 목을 매단 채 햇볕과 해풍에 몸을 말리고 있
었다.

알이나 곤을 뱃속에 품고 있는 대구는 임산부처럼 배가 부
르다. 대구를 보고 있으면 먹지 않아도 배가 부르다. 대구는
푸짐하고 푸근한 생선이다.

우린 유선호 선장 가게에서 부르는 가격 그대로를 주고 대
구 한 마리를 토막 쳐 차에 실었다. 그리고 반피데기 한 마리
도 집으로 가지고 가 술안주하려고 함께 얹었다. 말은 바른말
이지만 대구 반피데기를 벌건 참숯불에 구워 향기로운 청주를

마실 때 안주로 하면 함께 마시던 옆자리 친구 여러 명이 죽어 나가도 모를 만큼 맛있는 생선이다.

우리는 콧노래를 부르며 왼편 어깨에 바다를 걸고 계속 달렸다. 통대구 한 마리 실었는데 이렇게 배포가 커지다니. 어느 도반은 정자나무 밑에서 소피를 보다 말고 암놈 꽁무니를 따라가는 수캐에게 "통대구 한 마리 샀다. 왜. 한 번 붙어 볼래"라며 괜히 시비를 건다.

서해 쪽에는 눈이 온다는데 이쪽 하늘에는 구름 한 점 없이 푸르다. 루이 암스트롱이 부른 쉰 목소리의 〈왓어 원더풀 월드 What a Wonderful World〉란 재즈곡이 절로 흥얼거려진다. 오! 내가 살아 있는 이 세상이 이렇게 아름다운가.

뱃속이 출출하길래 시계를 보니 오후 2시에 가깝다. 밥을 해 먹을 장소를 찾는 데 10분 넘게 걸렸다. 오늘 같은 영하의 날씨에는 등 뒤의 바람을 막아 주고 눈앞에는 햇살이 드는 잔디밭을 찾아야 하는데 마침 딱 걸렸다. 하동에서 광양대교를 넘어가기 직전의 산자락이 삼박자를 갖춘 곳이었다.

버너 두 대에 불을 붙이고 하나에는 대구탕, 또 하나에는 칼국수를 삶았다.

통대구살이 적당하게 익었을 때 삶아 둔 칼국수를 넣었다. 아침에 서둘러 나오느라 양념 준비가 시원찮아 굵은 소금만 조금 친 것이 오히려 담백하다.

다섯 명의 여행 도반들은 맥주에 위스키를 끼얹은 폭탄주를 네다섯 잔씩 마시고는 하늘을 보고도 반말, 땅을 보고도 하대

말로 지껄인다. 이렇게 맛있는 칼국수는 난생처음 먹어 본 명품 중의 명품이다. "이박삼일!"

제주 서부두 갈치회

제주하면 서부두밖에 생각나지 않는다. 서부두에 가면 육지에서 쉽게 먹을 수 없는 갈치회와 고등어회를 먹을 수 있기 때문이다. 제주도는 한라산을 오르기 위해 가거나 아니면 꿩 사냥을 하기 위해 일 년에 한두 번씩 다녀오곤 했다.

비행기에서 내리면 맨 먼저 택시로 7분 거리에 있는 서부두로 달려간다. 그곳에 가면 갈치회 전문식당인 물항, 서부두, 곶감식당 등이 있고 싱싱한 고등어회를 전문으로 하는 속초, 만선, 성복식당 등이 진을 치고 있다.

제주도는 주로 겨울에 가게 된다. 눈(雪)과 꿩(雉) 때문이다. 눈 내린 한라산엘 오르려는 산꾼이나 풀 속에 숨어 있는 꿩을 잡으려는 사냥꾼이나 서부두의 갈치회를 좋아하기는 마찬가지다. 산엘 가든 사냥을 가든 공항에 내리면 갈치회부터 먹어야 다음 스케줄에 들어간다.

연전에 닫혀 있던 성판악-백록담 산행코스가 열린다기에 대구산악연맹팀의 일원으로 한라산 등반에 나섰다. 내리자마자 약속이나 한 듯이 우르르 서부두 쪽으로 몰려갔다. 횟집 문을 나서면서 산행을 끝내고 다시 갈치회 한 점씩 더 먹기로 약속했다. 그날 밤 숙소가 어디였는지 아침밥은 어디서 무엇을 먹었는지 그런 것들은 기억에 남아 있는 게 없다. 오로지 갈치회 맛만 혀끝에 남아 있을 뿐이다.

한라산에 눈은 제법 참하게 내려 있었다. 소나무와 전나무는 크리스마스카드 그림처럼 함박눈을 뒤집어쓴 채 산행길 좌우에 늘어서 있었다. 어쩌다 넘어졌다 일어서면 길섶 양쪽에서 '징글벨'이란 캐럴송이 징글징글하게 튀어나와 '흰 눈 사이로 썰매를 타고' 계속 달리라고 산꾼들을 부추긴다.

등산로는 앞서간 등산객의 발길에 다져져 미끄러웠지만 아이젠을 신을 정도는 아니었다. 산행 대열은 속도를 냈지만 길은 좀처럼 줄어들지 않았다. 눈이 온 이튿날이어서 그런지 옅은 코발트색으로 밑칠된 하늘은 너무나 푸르러 어느 것 하나 아름답지 않은 것이 없었다. 갑자기 미당의 〈푸르른 날〉이란 시가 읊조려진다.

"눈이 부시게 푸르른 날은/ 그리운 사람을 그리워하자/ 저기저기 저 가을 꽃자리/ 초록이 지쳐 단풍드는데/ 눈이 나리면 어이하리야/ 봄이 또 오면 어이하리야/ 내가 죽고서 네가 산다면/ 내가 죽고서 네가 산다면/ 눈이 부시게 푸르른 날은/ 그리운 사람을 그리워하자"

참 좋다. 어둡고 괴로운 날에도 그리운 사람을 그리워했거늘 이렇게 빛 밝아 눈이 부시게 푸르른 날에는 날 버리고 떠난 사람이 더 그리워지는 것을. 내가 죽고 네가 살아 있어도 그리워 할 수밖에 없단 밀씀, 그 말씀.

성판악 코스는 다른 길에 비해 비교적 평탄하지만 거리 (9.6km)가 멀어 지겹다. 발 빠른 젊은이들은 네 시간이면 백록담에 도달하지만 시니어 팀들은 다섯 시간은 걸어야 한다. 그러나 주변 풍광이 기막히게 아름다운 데다 어릴 적부터 정이 들 대로 든 산꾼들 간의 옛 얘기가 너무 재미있어 지루한 줄 모르고 오르게 된다.

드디어 정상이다. 진달래대피소에서 백록담 구간은 눈이 워낙 많아 자칫 헛발이라도 디디면 빠진 다리를 찾을 길이 없다. 백록담 밑 양지 녘엔 소주에 삼겹살을 차려 놓고 다른 팀이 술 파티를 벌이고 있었다. '빨리 내려가 1번 버스를 타고 서부두로 가야 갈치회를 먹을 수 있는데'란 생각은 술판에 끼어드는 순간 잊어버리고 말았다.

네 시간을 걸어 주차장에 도착했다. 함께 온 악우들은 모두 서부두로 내려가 버리고 아무도 없었다. 삼겹살 자리에 앉아 있는 나에게 "서부두 안 가요"란 말 한마디만 해 줬어도 갈치회를 먹고 왔을 텐데. 지금도 불쾌하다. 오! 개 아들님들(Oh! Son of Bitch!).

지심도 동백꽃

지심도는 기도와 명상의 섬이다. 휴가철이 되어도 왁자한 함성이 없고 다만 미소만 번지는 그런 조용한 섬이다. 이곳에는 해수욕장이 없고 술집이 없고 슈퍼마켓도 없다. 있는 것이라곤 한 시간 반이면 일주가 가능한 오솔길과 섬에 질펀하게 널려 있는 동백나무와 절벽 밑 갯바위 낚시터가 있을 뿐이다.

지심도에는 열두어 가구가 민박으로 생계를 꾸려 가고 있지만 손님들이 그렇게 많은 편은 아니다. 거제도 장승포항에서 15분이면 들어와 섬 한 바퀴 둘러보고 두 시간 뒤에 왔던 뱃길로 돌아가면 되기 때문에 굳이 비싼 방값 물어 가며 하룻밤을 묵을 필요가 없다. 그러나 달과 바람을 벗 삼아 하룻밤을 함께 지내지 않고는 지심도를 안다고 말할 수는 없다. 그냥 왔다간 것과 하룻밤 자면서 별들과 친구가 되어 느끼고 간 것과는 분명 차이가 있다.

이 섬은 동백나무 천지다. 상하좌우가 온통 동백이다. 이 섬의 보유 수종 37종 가운데 3분의 2가 난대성 상록수인 동백이어서 특히 겨울철엔 섬 전체가 푸른 바탕에 붉은 꽃들이 무더기로 피어 있는 대형 서양화 화폭으로 바뀐다.

섬 북쪽에는 어른 두 사람이 껴안아도 몇 뼘 남는 고목나무들이 터줏대감으로 버티고 있고 수다쟁이 동박새와 직박구리가 이 나무 저 나무를 옮겨 다니며 할 말 안 할 말을 다 전하고 다닌다. 그래도 동백나무들은 들어도 못 들은 척 바람이 불 때마다 어깨를 흔들 뿐 귀를 막고 말이 없다. 그래서 지심도에는 태곳적 평화가 지금까지 유지되고 있다.

지심도는 봄이 겨울을 몰아내는 3월에 갈 일이다. 겨울 꽃인 동백은 돌아서는 겨울이 못내 서러워 목을 끊어 자결함으로써 겨울을 전송한다. 동백은 아무리 매운바람이 불어도 꽃잎을 날리는 법이 없다. 앙다문 입술로 버틸 때까지 버티다가 밀려오는 봄기운에 대항하는 독립군처럼 스스로 목을 댕강 날려 꽃송이째 떨어진다. 샤갈의 마을에 눈이 내리듯 봄이 내리는 지심도에 가면 오솔길에 질펀하게 깔려 있는 동백의 붉은 카펫을 밟으며 명상에 잠길 수 있다.

"샤갈의 마을에는 3월에 눈이 온다./ 눈은 수천수만의 날개를 달고/ 하늘에서 내려와 샤갈의 마을의/ 지붕과 굴뚝을 덮는다./ 3월에 눈이 오면/ 샤갈의 마을의 쥐똥만한 겨울 열매들은/ 다시 올리브빛으로 물이 들고/ 밤에 아낙들은/ 그 해의 제일 아름다운 불을/ 아궁이에 지핀다.(김춘수의 시 〈샤갈의 마을에 내리는 눈〉 중에서)

지심도에는 '반대'라는 명물이 하나 있다. 다른 섬에서는 좀처럼 볼 수 없는 희귀한 고기잡이 시설이다. 선착장 바로 옆

콘크리트 바닥에 대나무 장대 하나를 세워 두고 굵은 철근을 둥글게 휘어 그물을 매달아 둔 것이다. 고기가 잡힐성 하면 장대의 그물을 바다 밑으로 내리고 홍합 으깬 것이나 토막친 고기 미끼를 그물 위에 던져 두면 바위틈에 살던 자리 돔들이 떼거리로 몰려와 잡힌다는 것이다. 텔레비전의 '6시 내 고향' 프로에서 얼핏 본 적이 있었는데 그걸 직접 보고 잡힌 고기들을 맛보고 싶어 이렇게 먼 길을 달려온 것이다. 그러나 철이 지난 탓으로 그물이 철수된 뒤여서 자리돔 맛은 보질 못했다.

이 섬에는 낚시로 고기를 직접 잡지 않으면 생선회거리를 살 곳도 없었다. 우리는 통영어시장에서 곰장어와 돌문어 몇 마리를 사들고 동백이 피지 않은 동백섬에 10월 초에 왔다. 여러 민박집 중에서 이곳 풍광에 반해 관광 왔다가 눌러 앉았다는 일본인과 그의 한국인 부인이 운영하는 '전망 좋은 집' (019-483-4811)에 짐을 풀었다.

달은 밝았고 바람은 맑았다. 참숯을 피워 화덕 위 철망에 곰장어를 올려놓으니 맛도 맛이려니와 그렇게 운치로울 수가 없었다. 저녁밥은 먹지 않고 소주만 마셨는 데도 아무도 배고프다는 사람은 없었다. 내년 3월 동백이 길 위에 붉게 깔릴 무렵 곰장어 앙코르 공연을 해야겠다.

진도 홍어 코

건달 백수 세 사람이 남도 여행길에 올랐다. 계획도 일정도 아무것도 없었다. 그냥 바닷가를 돌다가 해가 지면 아무데서나 자고 해가 뜨면 달리는 것이 일정이었다. 우린 다니던 신문사에서 퇴출당한 룸펜이었다.

퇴직한 다음 날 조간신문에 양복을 입은 샐러리맨이 산길을 걸어가는 사진과 기사가 1면에 실려 있었다. 그도 나와 같은 동업자 신세였다. 그는 회사에서 쫓겨났다는 이야기를 가족들에게 하지 못하고 평상시처럼 넥타이까지 매고 집을 나서긴 했지만 딱히 갈 곳이 없었던 모양이다. 그 사진을 보고 그가 나인 양 나는 울었다.

IMF라는 괴물이 우리 금수강산에 쳐들어왔을 때 마음 준비, 돈 준비가 없었던 수많은 퇴직자들이 산으로 내몰렸다. 막상 직장을 떠나고 나면 마음 붙일 곳이 없다. 이른 아침부터 다방에 가기도 그렇고 친구 사무실을 찾아가기란 더더욱 어려운 노릇이다. 누구든 싫은 기색 없이 받아 주는 산도 마냥 기댈 수는 없다. 퇴직 후 18번이 되어 버린 최백호의 〈내 마음 갈

곳을 잃어)란 유행가 제목이 그렇게 절절할 수가 없었다.

삼십 년 넘게 아침마다 달려가던 직장을 잃었으니 마음은 지진이 난 것처럼 흔들렸다. 적응과 탄력은 무서운 낱말이다. 이 두 단어는 시간을 요구한다. 쉽게 말하면 노는 데 길들여지려면 상당 기간 적응훈련이 필요하고 그런 연후에 탄력을 붙여야 한다. 마음의 의지처를 산에서 바다로 돌리고 뜻을 함께할 도반을 물색했다. 동병상련 환자 둘을 영입하여 이렇게 길을 나선 것이다.

차에 버너와 코펠을 싣고 남해 쪽으로 내달렸다. 통영, 삼천포, 여수를 지나 고흥, 강진, 해남을 거쳐 완도에서 노화도로 들어갔다. 도로를 달리다가 배가 차를 태워 주면 배를 탔고 땅거미가 끼기 시작하면 어둠 속에 갇혀 소주를 마셨다. 피부의 헌데에는 '아까찡(머큐리크롬)'이 잘 듣지만 영혼의 상처에는 투명한 소주가 명약이다.

진도까지 오는 데 이박삼일이 걸렸다. 백수에겐 시간은 돈이 아니라 애물단지다. 여수 오동도에서 갓김치를 먹고 노화도에서 생선회를 먹으며 해조음을 들었지만 하나도 즐겁지 않았다. 즐거움은 마음에 있는 것이지 풍경이나 음식에 있지 않다는 걸 너무 늦게 깨달았다.

진도에는 한 번도 만난 적은 없지만 글과 책으로 마음을 주고받는 친구가 있었다. 그는 진도군청 앞에서 개업하고 있는 외과의사다. "여행 중에 지금 진도를 지나가고 있어요" 하고 안부 전화를 했더니 무조건 만나고 가란다. 때는 해걸음, 석양주 한 잔 마실 딱 좋은 시간이다. 약속 장소인 스타호텔 뒤 귀빈각 한정식집으로 들어서니 친구는 어릴 적 친구처럼 뛰어나와 반겨 주었다.

진도 명물 홍주를 곁들인 전라도 음식이 정갈스럽게 한 상 차려져 나왔다. 신선로와 육회도 있었지만 홍어 외엔 다른 게 보이지 않았다. 정확하게 삼십 분이 채 걸리지 않아 홍어 접시만 비어 버렸다.

"경상도 사람들이 우째 홍어를 그래 좋아한다요. 허허. 한 접시 더 헙시다." "좀더 익은 걸로 줘요. 애는 없어요." 주인마담은 경상도 사람들이 홍어를 잘 먹는 것이 이해가 안 되는지 "다음에 오시면 홍어 코를 준비할게요" 한다.

그날 밤 우린 홍주와 홍어에 취해 모두 홍안이 되어 숙소로 돌아왔지만 예약한 방 찾기가 쉽지 않았다. 다음 날 아침, 진도를 떠나면서 딱 한 마디 "홍어 코 준비할게요"란 말은 귓가를 떠나지 않았다. 진도를 다녀온 후 어쩌다 홍어 전문집에 갈 때마다 홍어 코의 안부를 물어봤지만 아무도 아는 사람도, 먹어 본 사람도 없었다.

중국 천주산 트레킹을 다녀온 도반들이 "먼 데서 홍어 상자가 택배로 왔으니 빨리 나오라"는 연락이 왔다. 소담스레 담긴 홍어 세트에 회는 물론 코와 애까지 푸짐하게 담겨 있었다.

남도의 마니아들도 숙성도가 가장 강한 홍어 코를 젓가락으로 뒤적거리며 먹을까 말까 망설인다고 한다. 홍어 코의 강도는 생각보다 강했지만 도전해 볼 가치는 충분했다. 홍어 코는 아무리 씹어도 씹히지 않고 가스와 냄새만 눈과 코로 한꺼번에 튀어나왔다. "푸와하!"

참복 피 서너 방울

옛날 일본의 어느 수학자가 복어의 독을 먹고 죽었다. 그 교수는 연구의 피로를 복국 국물의 시원함으로 풀기 위해 연구소 인근 복국집을 자주 드나들었다. 주인은 노교수가 현관문에 들어서기만 하면 싱싱한 복어의 목을 따고 생피를 받아 식탁에 올렸다. 그 양은 한두 방울이 넘지 않을 정도의 미량이었다. 그는 복어 피를 복국 국물에 넣어 마시고는 독이 주는 마비의 쾌감을 황홀하게 즐기곤 "오이시이, 오이시이(맛있다)" 하며 문을 나섰다.

노교수의 당시 연구과제는 콤파스 하나로 정칠각형을 그리는 것이었다. 몇 년째 정칠각 화두에 매달렸지만 구할 듯 구할 듯하면서도 답은 구해지지 않았다. 그러다가 어느 날 저녁 무렵 해머가 뒤통수를 내려치는 것 같은 깨달음이 있은 다음 답을 알아냈다. 그는 너무너무 기쁜 나머지 그리는 방법을 메모해 두지 않고 복국집으로 뛰어갔다.

"내가 드디어 해냈네. 어서 한 그릇 주게." 주인은 평소대로 생피 접시를 식탁에 올렸다. 노교수는 히레사케(복지느러미구이 청주) 한 잔을 청해 마시면서 "피 한두 방울을 더 달라"라고 요구했다. 노교수는 '병 속의 새'만큼이나 어려운 화두의 답을 얻자마자 붉은 독이 만다라가 되어 휘날리는 저승길을 따라 열반에 들고 말았다. 정칠각형 그리기는 지금도 영구미제로 남아 있다.

술 좋아하는 사람은 복국을 좋아한다. 복국 국물이 술독을 풀어 주는 빗자루와 걸레 역할을 잘해 주기 때문이다. 내가 속해 있는 일생스쿠버 도반들도 복국을 좋아한다. 자주 복국집에 모여 시원한 막걸리로 내장 곳곳을 청소한다. 그리고 회원 자녀의 혼사가 있게 되면 댕기풀이 의식으로 복어회 한턱을 반드시 내야 한다. 그건 다산 선생이 가까운 벗들과 죽란시사(竹欄詩社)란 모임을 만들어 집안에 경사가 있을 때나 자녀가 과거에 합격했을 때 잔치를 벌이는 것과 흡사하다. 이 겨울이 가기 전에 한소식 있으면 좋으련만 회값 마련이 어려운지 종종 무소식이다.

일생팀들은 일본의 수학자처럼 복어 피를 복국에 넣어 먹을 정도의 마니아들은 아니다. 그러나 일주일에 한 번 정도는 복국으로 해장을 한다. 지난겨울 에이스 멤버 하나가 먼저 이승을 떠났다. 친구를 묻고 오는 길에 그가 자주 다녔던 원대오거리에 있는 자갈마당 복어집에 모여 추모 모임을 가진 적이 있다.

그런데 이날만은 국물을 후루룩거리며 마시는 사람은 없었다. 먼저 가 버린 친구에 대한 그리움과 미움이 반반이 되어 눈물이 범벅이 된 막걸리 사발만 기울였다. 나는 평생에 흘릴 눈물을 이날 다 쏟아 내 이젠 울어도 눈물 한 방울 나오지 않을 것 같다.

주문진에서 복어축제가 열린다는 소식이 전해지자 일생팀의 긴급회의가 열렸다. 내용은 간단했다. '일박이일, 전원 참석, 일인 일병.' 우리는 술 한 병씩 꿰어 차고 강원도로 출발했다. 제법 씨알이 굵은 참복 두 마리와 밀복 세 마리를 이십여만 원에 흥정했다. 회가 나오기 전에 서비스 안주로 허겁지겁 마시느라 반쯤 취했는데 기다리던 복어회가 나왔다. "눕을 젓가치 넣지 마(젓가락을 눕혀서 많이 집어 가지 마), 술 한 잔에 회 한 점이야." 아무리 경고방송이 울려도 접시 위의 복어회는 마파람에 게눈 감추듯 삽시에 사라지고 만다.

보리밥이나 개떡처럼 배부르게 먹을 음식이 있고 더 먹고 싶어도 그쳐야 할 음식이 있다. 세계 3대 진미음식인 트러플(송로버섯), 캐비어(철갑상어 알), 푸아그라(거위 간)를 배부르게 먹지 않듯 복어회도 그렇다. 복어회에 이어 나오는 '복 지리'라 부르는 복어 백탕 맛이 오히려 일품이다.

사람은 너무 불행하거나 지나치게 행복하면 순간적으로 '죽고 싶다'는 생각이 들 때가 있다. 이날도 그랬다. 나는 술 한 잔에 복어회 몇 점이 너무 과분하여 하마터면 "아저씨 생복 피 서너 방울만 주세요" 하고 소리 지를 뻔했다. 어라 차차.

추자도 참조기 찌개

추자도에는 비바람이 불고 있었다. 풍랑이 거세 바다는 텅 비어 있었다. 부두가 있는 하추자에서 상추자로 가는 버스에서 내리니 우산이 별 필요가 없었다. 이곳 추자도의 비는 수직으로 내리지 않는다.

면사무소 직원의 안내로 골목을 누벼 찾아간 궁궐민박(064-742-3832)은 정말 궁궐다웠다. 주인집은 골목의 남쪽에 있었고 손님을 받는 민박건물은 맞은편 언덕 위에 있었다. 좁은 계단을 타고 올라가니 유럽의 산꼭대기에 있는 성에 오른 기분이었다. "스위치만 올리면 방은 이내 따뜻해유." 젖은 옷을 말릴 수 있고 몸을 뉘일 수 있는 공간을 찾았다는 게 무척 행복하다.

우리 일행은 사박오일 여정 중에서 부산-제주 간 페리호에서 일박, 제주 도두동 민박에서 이틀째 밤을 보내고 추자도가 삼 일째인 셈이다. 이번 음식여행 구간 중 가장 기대를 많이 했던 추자도가 이렇게 비바람이 불고 있으니 당첨을 꿈꾸며 손톱으로 긁은 복권이 '꽝!'으로 터져 버린 것 같았다.

기우는 곧 닥쳐올 상황을 미래가 보내오는 신호임이 분명하다. 부둣가 식당마다 수족관은 비어 있었다. "배가 바다에 못 나간 지 벌써 닷새째예유." 가장 이름난 횟집의 수족관에도 '히라스(방어의 일종), 몇 마리가 헤엄칠 기운도 없이 목침도 베지 않고 누워 있었다.

일행 중 누가 "이럴 바에야 중국집에 가서 짜장면이나 먹자"라고 제의했다. 강섬돔 낚시의 천국인 추자에 와서 생선회 한 조각도 맛보지 못하고 단무지를 춘장에 찍어 먹을 생각을 하니 비오는 날씨만큼이나 서글펐다. 세상에! 추자도의 밤을 짜장면으로 때워야 하다니.

짜장면 건더기를 안주 삼아 배갈을 시켰다. 주인 여자도 웃었다. "비올 때는 그냥 아무거나 잡쉬요." 웃으며 말하는 안주인의 인심이 꽤 괜찮아 보여 삼만 원짜리 삼선잡탕 안주를 시켰다. 바다에 풍랑이 치면 추자도 중국집의 안주 접시에도 비바람이 부는지 싱싱한 생선은 한 토막도 보이질 않았다. '죽은 땅에서 라일락을 키워내듯'(T. S. 엘리엇의 시) 바람 부는 바다에서 고기를 건져 낼 수는 없는가. 그날 추자도는 4월의 황무지처럼 잔인했다.

이십 수 년 전에 추자도에 갯바위 낚시를 온 적이 있었다. 바위틈에 붙어 앉아 자정 넘어까지 물결에 일렁이는 전자찌만 바라보았지만 셋이서 겨우 잡은 것이 잿방어 한 마리였다. 새벽녘에 돌아와 잠시 눈을 붙이고 나니 민박집 아침상이 들어왔다. 그런데 옆방의 프로 낚시꾼들은 저네들이 잡은 '감생이'

(강섬돔)로 회를 쳐서 푸짐하게 한상 차려 먹고 마시는데 우리 밥상은 너무나 초라했다. "우리도 회 한 접시 주세요"라고 고함을 질렀더니 "저분들이 낚시로 잡아온 거예요"란 실망스런 대답만 돌아왔다. '음식 끝에 맘 상한다'는 옛말은 정말보다 한 수 위의 진실이다.

다음 날 아침 추자의 하늘은 닷새 동안의 먹구름을 걷어 내고 활짝 갰다. 공기는 정말 상쾌했다. 도시의 코가 꿩의 냄새를 맡은 사냥개처럼 공기가 흐르는 쪽으로 실룩거리며 따라다녔다. 부두로 나갔더니 먼 바다로 나갔던 조기잡이 배 한 척이 비바람 뱃길을 뚫고 돌아와 짐을 부리고 있었다. 어판장에는 아낙네들이 선별작업을 하느라 손놀림이 바빴다. 그물에 끼어 대가리가 떨어져 나갔거나 상처 난 조기들은 정품 상자에 들어가지 못하고 허드레통에 던져졌다.

"추자도에 와서 생선 구경을 못했어요. 맛 좀 보게 조금만 팔아요." "야야, 기리빠시 팔아라 카네." 우린 단돈 만 원을 주고 큰 비닐봉지가 두둑할 정도의 황금색 참조기를 담아 민박집으로 돌아왔다. 민박집 아주머니도 "횡재하셨네요"라고 입부조를 한다. "점심 때 조기 찌개나 잘 끓여 주세요." "우리 집 아저씨도 배로 민어랑 농어를 잡아 택배로 보내 줄 수 있는데요." "대구에 가서 우리도 민어 주문할게요." 그날 먹었던 참조기 찌개는 말과 글로 표현할 수 없는 필설난기(筆舌難記)의 맛이었다. 기억에서 지워지지 않을 만큼 정말 맛있었다. 제상에 조기가 오르는 이유를 이제 알았다.

흑산도 홍어

홍어 먹기는 연습에 달려 있다. 태어날 때부터 영어회화를 능숙하게 잘하는 미국사람은 없다. 배우고 익혀야 한다. 자전거도 수영도 반복해서 연습하지 않고 잘 타거나 헤엄을 잘 칠 수 없다. 오장육부를 확 뒤집어 놓는 삭힌 홍어 역시 먹는 연습을 해야 그 오묘한 맛과 친구가 될 수 있다.

홍어의 고향은 흑산도다. 흑산도는 지금도 홍어잡이 전초기지다. 흑산도 근해에서 잡힌 홍어는 이곳 어시장에서 경매를 통해 비싼값에 팔려 나간다. 옛날에는 흑산도에서도 홍어를 삭히지 않고 회로 먹었다. 홍어는 가오리나 간재미와 별 차이가 없는 홍어목에 속하는 평범한 사촌지간들이었다. 그러던 것이 잡힌 고기가 몽땅 거름이 될 뻔한 지독한 해탈과정을 겪은 후에 오늘의 귀족으로 변신했다.

고려 말 왜구의 침범이 빈번해지자 조정에선 궁여지책으로 남해의 섬을 통째로 비우는 공도(空島)정책을 실시했다. 이곳 사람들은 섬을 떠날 때 잡아 둔 홍어를 버리고 떠날 수가 없어 배에 싣고 나주 영산포 쪽으로 달렸다.

배 밑바닥 물칸에 채워져 있던 홍어들은 열흘이 넘게 걸리는 항해 도중에 썩기 시작했다. 흑산도 사람들이 썩은 홍어를 어떻게 먹어 볼 엄두를 냈는지는 기록이 없어 알 길이 없다. 추측컨대 몬도가네식 음식을 잘 먹는 어떤 노인네가 버리기 아까운 홍어 살점 한 칼을 날된장에 꾹 찍어 먹었는데도 배탈이 나지 않는 것을 보고 너도 나도 조금씩 맛보기 먹기 시작한 것이 효시가 아니었을까. 사실 홍어가 숙성될 때 풍기는 냄새는 스웨덴의 청어를 발효시킨 수르스트뢰밍 다음으로 지독하며, 홍어 후임이 동남아의 두리안이란 과일이 아닐까 싶다.

　남도여행을 슬슬 다니면서 홍어를 입에 대기 시작한 것이 나도 모르게 '절친' 사이로 변해 버렸다. 처음에는 어릴 적에 맛이 간 돔배기를 먹는 것처럼 지독한 냄새 때문에 영 구미가 당기지 않았다. 나쁜 짓도 자주 저지르다 보면 버릇이 되듯 농축된 역한 냄새도 자주 가까이 접하다 보면 중독이 되는 모양이다. 이젠 그 중독 증세가 환희에 가까운 환락이 되었다. 작가 황석영의 표현을 빌리면 "이것은 무어라 형용할 수 없는 인체의 모든 오감을 일깨워 흔들어 버리는 맛의 혁명" 바로 그것이었다.

　흑산도 사람들은 근해에서 잡히는 국산 홍어만 판다. 칠레로 대표되는 수입 홍어는 취급하지 않는다. 그들의 자존심이다. 오륙 년 전에 동창 내외 십여 명이 홍도, 흑산도 여행에 나선 적이 있다. 홍어를 포식할 욕심으로 홍도 숙박 계획을 흑산도로 밀어붙였다. 이날 경매에 나온 홍어는 열세 마리였는데 모두 중개인의 손을 거쳐 서울로 팔려 나갔다.

수소문 끝에 어느 슈퍼마켓에 있는 숙성된 홍어 한 마리를 십사만 원에 살 수 있었다. 우린 민박집 주인이 쳐 준 홍어회를 그날 밤에 술안주로 몽땅 먹어 버렸다. 냄새가 싫다며 돌아앉은 부인네들은 다음 날 아침 "밤새 그걸 다 먹어 치웠냐"며 깜짝 놀란다. 그것도 모자라 남도여행을 오랜 세월 동안 함께 다녔던 친구와 아침산책을 핑계로 대폿집에 들러 홍탁 삼합으로 해장을 한 후 흑산도를 떠나왔다. 그렇게라도 하지 않으면 홍어가 눈에 밟혀 발걸음이 떨어지지 않을 것 같았다.

나는 홍어회를 좋아한다. 회뿐 아니라 탕과 애국도 좋아한다. 강도 있게 숙성된 홍어를 입안에 넣으면 에너지는 코로 튀어 나온다. 증기기관차가 출발할 때 응축된 스팀이 한꺼번에 분출되듯 "푸와하" 하고 튀어나오는 감당할 수 없는 그 기운을 혼자서 몰래 즐긴다. 아프리카나 아마존의 원시부족들이 환각 성분의 야생 감자가루를 대롱을 통해 코로 불어 넣으며 자지러지는 쾌감을 즐기는 것과 크게 다를 바 없다. 나희덕의 시 한 편 읽는다.

"봄에는/ 홍어 내장으로 보릿국을 끓이고/ 여름에는/ 개불이나 하모 같은 갯것에 입을 대고/ 가을에는/ 석쇠 위에 전어를 굽고/ 겨울에는/ 매생이국을 후후 불며 떠 넣는다./ 낯선 음식에 길들여지는 동안에도/ 사람에 대한 입맛은 까다로워져/ 마음의 끼니를 거르는 날이 늘어간다."

도루묵과 선장

사람의 의식은 고리로 연결되어 있는 것 같다. 아니면 분자구조처럼 기하학적인 방식에 의해 규칙적인 결정배열을 하고 있다가 무슨 생각이 떠오르면 여기저기에서 불쑥불쑥 튀어 나온다. 사람의 생각은 흐르는 강물처럼 마냥 잔잔하게만 흘러가지 않고 홍수처럼 폭포 속으로 떨어지기도 하고 범람하여 넘칠 때도 있다.

지난 초겨울 강원도 주문진에 갔다가 그곳에서 난생처음으로 도루묵회를 먹어 보았다. 출발하면서 일 년에 한두 번 정도 들리는 우보회집(033-662-8755)에 전화를 걸어 여행 일정을 알려 주었다. 그랬더니 도반들이 좋아하는 복어회는 물론 도치회와 도루묵회까지 준비해 주어 오랜만에 황제의 식탁이 부럽지 않을 만찬을 즐겼다.

여행에 돌아와서 도루묵과 선조 임금을 곁들여 글 한 편 써야지 하고 별렀지만 차일피일하다 이렇게 늦어지고 말았다. 늦게나마 글을 쓰게 된 동기는 진도 앞바다에 세월호가 침몰할 때 반바지 차림으로 가장 먼저 도망친 선장 때문이었다. 내

의식의 고리는 임진왜란 당시 백성을 남겨두고 한밤중에 장대비를 뚫고 '혼자 살겠다'며 피란길에 오른 선조까지 기억해 낸 것이다. 임금과 선장을 동급 이미지로 나란히 묶어 도루묵 어판 위에 뉘어 놓으니 그럴 만했다.

그동안 '도루묵과 선조'는 아주 간단한 사슬 모양의 분자구조 형태로 내 머릿속에 머물러 있었다. 그런데 느닷없이 이 세상에서 가장 못난 세월호 선장이 뛰어들어옴으로써 잠자던 내 의식은 다시 복잡하게 불이 지펴져 분노와 증오로 불타기 시작했고 그것이 이 글을 쓰게 만들었다.

어쩌면 임진왜란 당시의 선조와 신하들이 한 짓이나 침몰할 때 선장과 선원들이 한 짓거리들이 이렇게 똑같을 수 있을까. 그리고 임금과 선장을 둘러싼 주변 상황들도 한결같이 비슷하다. 그래서 역사는 반복된다고 했는가.

선조가 피란을 갈 것인지 말 것인지로 전전긍긍할 때 신하들은 가족들을 안전지대로 대피시켜 놓고 한성 사수를 주장했다. 그러면서 자신들은 여차하면 도망 갈 준비를 완벽하게 갖춰 두고 있었다. 백성들의 안위는 안중에 없었다. 그러나 이항복은 한성을 사수하는 어려움을 들면서 잠시 평양 쪽으로 피신했다가 명나라의 지원을 얻어 왜군을 격퇴하자는 현실론을 주장했다. 선조가 왕궁을 버리고 도망가는 날 밤 호위하는 군사는 모두 도망가고 궁문엔 자물쇠가 채워지지 않았으며 금루(禁漏)는 시간을 알리지 않았다.

백성들은 방향을 잃고 성문을 벗어나지 못했다. 우왕좌왕하다 왜군이 휘두른 칼날에 목이 날아갔다. 선조가 '서쪽으로 튀었다'는 소식이 전해지자 백성들은 주인 떠난 궁궐을 불태워 버렸다. 임진강 방어선이 무너지자 선조는 개성에서 평양으로, 다시 의주로 달아났다. 화가 난 백성들은 선조 옆에 서 있던 대신들을 두들겨패다가 몇몇은 칼날에 목이 달아나기도 했다.

세월호는 배가 뒤집어 지고 있는 순간에도 "꼼짝 말고 자리를 지켜라"고 방송했다. 선장이 도망간 후 선실에 갇힌 학생들은 "엄마, 사랑해" "엄마, 말 못할까 봐 미리 보낸다. 사랑해" "아빠 배가 가라앉으려 해, 어쩌지"란 카톡만 날리다가 떼죽음을 당했다. 학생들은 창문을 깨트릴 도구도 없었다.

선조는 '살아서도 나라를 망쳤고 죽어서도 나라를 망친' 임금으로 기록되어 있다. 왜란 당시 의병장이나 전공을 세운 장수는 모조리 다 죽여 버린 것이 바로 선조가 살아 있을 때 한 일이다. 아마 이순신 장군도 살아서 돌아왔다면 선조에 의해 도성 밖 장대에 목이 내걸렸으리란 것이 사가들의 추측이다. 왕권 유지를 위해 똑똑한 신하들을 제거해 버려 무능한 사대부들이 정권을 잡아 나라를 형편없는 수준으로 만든 것이 죽어서 이룬 치적이다.

한편 무책임, 무관심, 무능력의 3무 인물로 알려진 세월호 이준석 선장은 목포교도소에 수감되면서 "우리 방 방장은 어느 분이지요" 하고 물었다고 한다. 수백 명의 학생들과 승객들의 안전과 구조에의 관심은 전혀 없었고 일신의 보신에만 정신이 팔려 있었던 걸 보면 선조와 많이 닮아 있었다.

도루묵에서 출발한 의식의 연상작용은 선조에서 선장으로 흘러갔다. 원래 이 고기는 목어(木魚)라 불리었으나 피난길 선조에 의해 은어(銀魚)라는 과분한 명칭을 하사받았다. 궁으로 돌아와 입맛을 회복한 선조가 '도로 목어'로 부르라는 변덕은 은혜를 배은으로 갚은 아전 수준의 처사다.

나는 선조에 의해 마음에 상처를 입은 도루묵을 복권시켜 은어로 부르려고 한다. 한입 넣으면 우두둑!하고 씹히는 은어의 알맛은 일품이다.

강진 토하젓

은퇴하면 시골에서 살리라 생각했다. 고향이 아니더라도 고향을 닮은 그런 곳에서 남은 세월을 보내리라 마음먹었다. 그런데 막상 당하고 보니 그게 쉽지 않았다. 나를 붙잡고 있는 인연의 끈들이 얼마나 질기고 억센지 이젠 귀향이란 낱말은 꺼내지도 못할 지경에 이르렀다.

그래도 포기하지 않는다. 여건만 갖춰지면 단거리 선수처럼 뛰어나갈 참인데 벽은 점차 높아만 가고 의욕 또한 서서히 사그라지고 있어 요즘 들어 더욱 조바심만 늘어나고 있다. 파리통 안에 갇힌 파리와 통발 속 물고기 중에서도 운 좋은 놈은 들어갔던 구멍으로 되돌아 나오기도 한다. 그런데 나는 빠져나갈 구멍의 위치와 나가는 방법까지 훤히 알면서도 이렇게 도시에서의 장기복역 신세를 면치 못하고 있다. 파리와 물고기가 나더러 "병신 같은 놈"이라고 손가락질을 해도 할 말이 없다.

심심할 때마다 펼쳐 보는 『고향』이란 그림책 속엔 오만풍경이 삽화로 그려져 있다. 그 그림책의 두께는 신구약을 합한 성

85

경 책만큼 두껍다. 그 중에서도 구약성서 창세기에 해당하는 제1장 고기잡이 편을 가장 많이 들쳐보고 돌아가지 못하는 그곳을 천날 만날 그리워한다. 맨 앞 첫 장에는 금호강 여울에서 파리 낚시로 피라미를 잡는 그림이 그려져 있고, 다음 장에는 양지동 홈실못에서 뜰채로 민물새우를 잡는 풍경이 세화(細畫)로 채색되어 있다.

나는 듬성듬성 수초가 나있는 연못이 지척에 있는 그런 시골에서 살고 싶다. 늦은 오후에라도 대나무 낚싯대 한 대와 새우잡이 뜰채를 들고 나가면 저녁 반찬거리로는 아주 넉넉한 고만고만한 놈들을 대나무 소쿠리에 담아와 지져 먹고 볶아 먹는 그런 꿈을 꾸고 있다. 이 세상 소풍 끝나기 전에 그것이 가능하리란 꿈은 아직 꿈으로 살아 있지만 사실 그 꿈은 개꿈에 가깝다는 걸 나는 안다.

나는 바다 생선보다 민물고기를 더 좋아한다. 붕어와 피라미 조림은 물론 잉어찜과 쏘가리탕 앞에선 사족을 못 쓴다. 하다못해 지리산 계곡의 피라미회를 먹으러 다녔으며 심지어 가물치도 낚시로 잡아 내 손으로 회를 쳐 먹기도 했다. 그러다가 간디스토마 충에 감염되어 구충약을 복용한 후론 민물고기 날것은 일절 먹지 않는다.

문화유산을 찾아다니는 재미에 푹 빠져 은퇴 후 몇 년간을 답사로 세월을 보냈다. 그때 '남도답사 1번지'라는 강진 해남 지역을 떠돌다 이곳 탐진강이 민물새우의 본고장이란 걸 알게 됐다. 이곳 사람들은 새우를 잡아 젓갈을 담그는데, 그걸 토하젓(土蝦)이라고 했다. 요즘도 일 년에 서너 번은 남도여행길에 올라 강진을 지나치는데 토하젓을 맛볼 수 있는 한정식집을 찾아들기에는 주머니 사정이 만만치 않아 번번이 지나치고 말았다.

다산 선생이 강진에 유배 와 살 땐 탐진강 수초 밑에는 새우들이 떼로 몰려다녔겠지만 지금은 공장폐수와 생활하수로 오염되어 일부 산간지역에서 나오는 새우들로 젓갈을 담아 겨우 맥을 잇고 있는 실정이다. 지형적 특성상 오염물질이 스며들 수 없는 청정지역인 옴천면의 민물새우 '새뱅이'로 담근 젓은 임금님 수라상에 오른 최고 명품 토하젓이다.

새우를 염장하여 3개월 정도 숙성시킨 후 찰밥과 마늘, 고춧가루, 생강 등을 넣고 다시 익히면 훌륭한 토하젓으로 재탄생한다. 밥도둑이라 불리는 토하젓 한 숟가락을 포실포실하게 지은 햅쌀밥에 비벼 먹으면 다른 반찬이 필요 없을 정도로 구수하면서도 맛깔스럽다.

지난가을 문학 모임에서 남도기행을 떠난다기에 열 일 제쳐두고 따라나섰다. 답사의 필수 코스인 영랑생가 구경도 좋았지만 남도 음식맛을 보게 된 것이 나에겐 큰 기쁨이었다. 강진의 보은한정식에서 "토하젓갈 맛 좀 보여 줘요" 하고 여주인에게 엄살을 부린 덕에 오랜만에 새뱅이 젓갈을 혀끝으로 희롱하는 호사를 누렸다.

남도 사투리 회화(會話)가 좀더 능숙해지면 탐진강가에서 살고 싶다. 징하게 맛난 거 먹고 잉.

티파니에서 국밥을

간밤에 구름 사이로 달이 잠시 이마를 내보였다. 오르락내리락하는 장마전선 탓에 온종일 흐리다가 구름 커튼을 젖히고 얼굴을 보여 준 것만 해도 그나마 다행이다. 공중에는 바람이 세차게 부는지 달은 구름 물결을 타고 쏜살같이 흘러간다. 문 리버(Moon River), 그래 이런 걸 두고 '달의 강'이라고 하나 보다. 나는 혼자서 앤디 윌리엄스가 부른 〈문 리버〉를 계속 흥얼거려 본다.

숙소인 한림에서 어정거리며 아침시간을 보냈다. 점심은 모슬포 쪽으로 나가 마음 내키는 곳에서 아무거나 먹기로 했다. 달포 전 제주에 왔을 땐 이곳 모슬포 읍내 부두식당에서 자리돔 물회와 자리돔 구이를 먹었기 때문에 이번엔 좀 색다른 음식이 먹고 싶었다. 동행 중의 한 친구가 "모슬포 오일장의 순대국밥을 먹자"라고 제안했다. 모두들 별다른 대안이 없어 "그러면 그러자"라고 했다.

'모슬포에서 국밥을' 먹자는 제의가 튀어 나오자마자 〈문 리버〉가 주제였던 '티파니에서 아침을'이란 영화가 섬광처럼 떠올랐다. 오늘 이러자고 엊저녁부터 〈문 리버〉란 노래를 저녁 내내 흥얼거렸나 보다. 영화의 첫 장면이 리와인드 키를 누르지 않았는데도 자동으로 재생되어 신나게 돌아간다.

검은 선글라스를 낀 오드리 헵번이 테이크 아웃 커피와 베이글 빵을 손에 들고 티파니란 보석가게 앞에서 아이 쇼핑을 하는 광경은 기가 막히는 명장면이다. 오죽했으면 내로라하는 세계적인 멋쟁이들이 헵번이 입었던 검은 옷을 입고 티파니 앞을 서성거리며 그녀의 흉내를 냈을까. 오늘 나의 '모슬포에서 국밥을'이란 이벤트가 70여 년 전 뉴욕 거리에서 있었던 '티파니에서 아침을' 재현하는 것은 아닌지 모르겠다.

국밥은 매력 있는 음식이다. 국에 밥을 만 간편 음식이지만 먹고 나면 배가 부르다. 미국의 햄버거와 콜라가 국밥에 필적할 만한 먹거리지만 멋과 맛은 코리아의 국밥을 따라오진 못한다. 국밥의 종류는 다양하다.

지역별로 이름도 다르고 맛도 다르다. 소고기국밥, 육개장, 소머리국밥, 소내장국밥, 따로국밥, 돼지국밥, 순대국밥, 콩나물국밥, 북어국밥, 굴국밥, 매생이국밥 등 많기도 하다. 국밥집이 앉을 자리는 시장통이 제격이지만 이웃 동네로 갈라지는 삼거리 모퉁이도 좋은 자리로 친다. 옛날부터 국밥집 주변에는 온갖 이야기가 넘쳐나는 스토리 텔링의 본산지다.

제법 행세깨나 하는 촌로들은 장날이 오면 엉덩이가 들썩거려 가만히 앉아 있질 못한다. 며느리가 건사해 준 모시옷에 두루마기까지 걸치고 시장으로 나간다. 누구와 만날 약속은 없지만 나서기만 하면 같은 처지의 친구들을 만나기 마련이다. 수인사를 건네고 농사 안부를 묻고 나면 자연히 발걸음은 국밥집으로 향하게 된다. 요기가 목적이 아니라 컬컬해진 목을 축이는 데는 한잔 막걸리보다 나은 게 없다.

국 한 그릇을 안주로 술 한 되를 시키면 너도 나도 번갈아가며 '한 되 더' 하고 앙코르를 청하게 된다. 늦게 온 친구가 합석하게 되면 또 술이 들어오고 서너 사람이 쪼그리고 앉아 빈속에 탁주를 들이붓게 되면 취하지 않고는 못 배긴다. 어느새 해질녘, 휘청거리는 걸음으로 겨우 집에 당도하면 며느리가 새파랗게 질린 얼굴로 "아버님, 두루마기는 우쨌어예" 하고 묻는다. "야야, 초장에 휘딱했는갑다."

어느 하루는 시장복판 국밥집 앞에서 설 사돈을 만났다. "사돈어른, 대포를 한 잔 하실랍니껴, 밥을 잡수실랍니껴?" 주머니 사정이 넉넉지 않아 둘 중 하나만 찍으라고 했다. 사돈 왈 "막걸리 안주에는 국밥도 괜찮지요." 사돈은 두 가지를 모두 먹겠다고 어깃장을 부렸다. 딸의 시아버지 앞에선 괜히 주눅이 들어 외상을 달아 놓고 술밥 간에 그날의 비용은 몽땅 누울 사돈이 내는 것이 시골 풍습이다.

"남면 삼거리 식당/ 산 타고 허기진 배를 채우기 급급한 나/ 산에서 내려온 멧돼지처럼 허룽대며 먹은 국밥/ 뒷맛이 혀 돌기마다 싸하게 감친다/(중략) 작은 식당 손님 많지 않지만 늘 즐거운 그녀/ 내일이라는 희망을 후루룩 돼지국밥에 얹어준다/ 식탁 어섯 흘레붙는 파리 한 쌍마저 곱기만 하다(최범영

시인의 〈돼지국밥〉 중에서)

우리는 이날 모슬포시장 안 소영이네 가게에서 국밥을 먹었
다. 오천 원짜리 순대국밥을 한라산 생막걸리에 곁들여 배불
리 먹고 나니 여기가 모슬포인지 티파닌지 구분이 되지 않았
다.

가거도 농어

가거도(可居島)는 사람이 살 만한 섬이라서 그렇게 이름 붙였다고 한다. 한반도에서 사람들이 정말 살 만한 곳은 그런 이름을 붙이지 않는다. 다분히 역설적이다. 그것은 한때 농협창고 벼름박에 '농협은 농민의 것', 세무서 담벼락에 '공평과세', 파출소 이마에 '민중의 지팡이'라고 써 둔 것과 별반 다를 바 없다. '그러고 싶다'는 뜻이지 '그렇다'는 말은 아니다.

주술과 부적의 힘이 현실에 도움은 되지 못하더라도 마음에 위안은 되는 법이다. 싸움에 지고 있는 병사가 '나는 이길 수 있다'고 스스로 주문을 외어야 용기를 얻을 수 있다. 가거도 사람들이 섬 이름을 그렇게 지은 것도 미래에 운명을 걸었기 때문이다.

가거도는 만만찮은 섬이다. 목포에서 네 시간 이상 걸리는 뱃길이 우선 멀고 파도가 드세다. 배를 타고 드나드는 것이야 어지럼 멀미 끝에 몇 번 토하고 나면 해결되겠지만 농토와 텃밭 마련이 쉽지 않아 자급자족이 어렵다. 거기에다 태풍이 오거나 비바람이 불어 뱃길마저 끊기고 나면 그야말로 적막강산이다. 그래도 그들은 살아 보면 살 만하다고 자위하며 산다.

이곳 섬사람들의 든든한 버팀목은 땅이 아니라 바다다. 물론 땅에서도 약재인 후박나무를 비롯한 여러 가지 약초가 자라고 섬을 둘러싼 아름다운 바위 경관이 관광객들에게 좋은 눈요깃감이 되고 있지만 그것이 생활을 윤택하게 해 줄 충분한 자양분은 되지 못한다.

그러나 바다는 다르다. 무대의 장면 따라 배우가 바뀌듯 철따라 고기의 어종이 바뀐다. 먼바다에서 찾아온 고기들은 낯가림하지 않고 낚시꾼들이 던지는 미끼를 덥석덥석 물어준다. 가거도는 수족관에서 외바늘 낚시로 월척 붕어를 끌어올리듯 물때가 좋을 땐 프로와 아마추어 가릴 것 없이 무겁도록 고기를 건져낼 수 있다.

뱃전에서 만난 평소 익히 알고 있는 낚시가게 주인이 민박집에서 점심을 먹고 나자 내 손을 끌고 밖으로 나갔다. "오른쪽은 냉장칸, 왼쪽은 냉동칸입니다. 냉장칸에는 항상 두 마리 정도의 농어를 넣어두고 낚시를 다녀오면 방금 잡은 고기로 바꿔 놓겠습니다. 떠날 때까지 농어회나 실컷 잡수세요." 돈한 푼 내지 않고 최고급 생선회를 무진장 먹을 수 있다니 횡재도 이런 횡재가 또 어디 있을까.

우린 가거도에 머무는 며칠 동안 평균 70센티미터급 농어 12마리를 먹어 치웠다. 출발할 때의 목표는 독실산을 오르는 것과 섬 주변을 트레킹으로 한 바퀴 도는 것이었다. 그러나 그것은 지켜지지 않았다. 이름난 산악인들도 산행밖에 할 것이 없을 때만 산에 오른다는 것을 가거도에서 처음 알았다.

푸짐한 생선회가 차려진 술상 옆에 고스톱 판이 벌어졌으니 등산화 끈을 조여 매는 대원은 아무도 없었다. 사흘째 되는 날 어선 한 척을 빌려 농어회와 술을 싣고 섬 일주에 나선 것이 가거도에 와서 한 일의 전부였다.

석양 무렵 이층 베란다에 앉아 아래를 내려다보고 있으니 옆집 민박팀들이 엄청 큰 광어 한 마리를 들고 들어오는 모습이 보였다. 안 그래도 농어회만 먹었더니 물리는 감이 없지 않았는데 싱싱한 광어를 보니 새삼 군침이 돌았다. 그렇지만 얻어먹을 구실이 떠오르지 않았다. 그런데 갑자기 번개 같은 아이디어 하나가 떠올랐다.

내가 갖고 다니는 회칼 세 개를 챙겨 아호가 '늘뫼'인 친구와 함께 옆집으로 무작정 쳐들어갔다. "숫돌 있으면 좀 빌려주세요. 회칼 좀 갈려고요"라고 소리를 질렀다. 민박팀들은 이렇게 큰 광어를 어떻게 회를 칠 것인지를 의논하고 있었지만 묘책이 떠오르지 않았던 모양이다.

"아저씨, 이 고기 회 좀 쳐줄 수 없어예." 그 말이 끝나자마자 광어의 주인은 내가 되고 진짜 주인은 생선회를 배급받는 신세로 전락하고 말았다. 정말 그렇구나. 가거도는 사람이 능히 살 만한 파라다이스구나. 칼 한 자루만 쥐고 있어도 방금 건져 올린 싱싱한 생선의 주인이 되는 이 놀라운 은총!

고래를 기다리며

"먼바다로 나가 하루 종일/ 고래를 기다려 본/ 사람은 안다/ 사람의 사랑이 한 마리 고래라는 것을/ 망망대해에서 검은 일 획 그으며/ 반짝 나타났다 빠르게 사라지는 고래는/ 첫사랑처럼 환호하며 찾아 왔다/ 이뤄지지 못할 사랑처럼 아프게 사라진다."(정일근의 시 〈기다린다는 것에 대하여〉 중에서)

시인은 다시 〈나의 고래를 위하여〉란 시에서는 "불쑥, 바다가 그리워질 때가 있다면 당신의 전생은 고래다.(중략) '보고 싶다'는 그 말이 고래다. '그립다'는 그 말이 고래다"라고 읊었다. 그러고 보니 나의 전생도 고래였음이 분명하다, 천날 만날 이름지울 수 없는 무엇이 보고 싶고 그 그리움이 절절하여 시인이 고래를 기다리듯 나도 온종일 무엇을 기다리면서 살고 있다.

시인이 말하는 동해바다의 '고래'는 정작 고래일 수도 있고, 고래가 아닌 여인일 수도 있다. "떠나간 고래를 다시 기다리는 일은/ 그건 골목길 마지막 외등/ 깜깜한 어둠 속에 서서 너를 기다렸던 일/ 그때 나는 얼마나 너를 열망했던가./ 오늘도 고래는 돌아오지 않았다."

　울산시 어업지도선 목측조사관으로 임명된 시인은 동해의 고래탐사에 나서 망망대해에서 물위로 뛰어 오르는 고래를 기다리는 일이 희미한 외등 골목길에서 '너'를 기다리던 때처럼 조바심이 나고 초조했을 것이다. 그의 '고래'에 관한 시편 속에는 고래와 여인이 서로 오버랩되기도 하고 서로 교차되면서 시의 행간을 끌고 나간다.

　나도 바다를 좋아하고 고래를 사랑한다. 시인은 벌써 수년 전부터 고래탐사에 천착하여 틈만 나면 배를 타고 동해를 휘젓고 다니지만 나는 바다 복판에서 고래 구경을 한 적은 없다. 다만 운 나쁜 고래들이 어부들이 쳐 둔 정치망에 걸려 숨이 끊어진 상태로 끌려온 것들을 몇 점 맛보는 재미 때문에 고래를 사랑하고 좋아한다.

　배를 타고 고래를 구경하는 시인은 고급이고 고래 고기를 먹는 나는 저급이다. 이상과 현실의 괴리감은 이렇게 크지만 나는 개의치 않는다. 애완견을 훈련시켜 무슨 콘테스트에 나가는 걸 즐기는 사람도 있지만 삼복더위 때 땀을 뻘뻘 흘리며 개장국을 훌훌거리며 먹는 그 재미도 보통은 아니다. 개 콘테스트는 역시 상급이고 개 껍데기 한 쟁반에 소주 한 잔 걸치는 것은 하급인가. 그건 나도 잘 모르겠다.

　고래 고기 이야기를 해야겠다. 어릴 적에 가난과 남루 속에서 자랐기 때문에 별난 음식을 먹어 본 경험이 없다. 맛없는 개떡도 제대로 먹지 못했으니 말해 무엇하랴만 남들이 말하는 '맛존 고래 고기'는 고등학교 다닐 때 보긴 했어도 먹어 보진 못했다. 동산병원 남쪽 내당동 가는 길가에 고래고깃집이 서너 집 있었다. 하학길에 그 길로 지나오면 고래 고기는 대소쿠리에 삼베 보자기를 덮어쓰고 자고 있었다. 냄새가 하도 요상해서 먹고 싶은 마음은 꿀떡 같았지만 그건 '그림 속의 고기 모타리'였다.

시골에서 열차를 타고 학교에 다니던 빌어먹을 '기차 통학생 시절'이란 암흑기가 끝이 나면서 내 나름의 독립기가 찾아왔다. 직장을 얻어 뛰어다니다 보니 왜식집에서의 회식 자리가 심심찮게 열렸다. 그때마다 고래 고기가 작은 접시에 몇 조각씩 나왔다. 고래 고기 특유의 냄새 탓인지 동석 손님들은 별반 좋아하지 않는 것 같았다. 다른 이들의 젓가락이 생선회 쟁반 위에서 풍월을 즐기고 있는 동안 슬슬 눈치를 봐가며 후딱 먹어 치워 버렸다. 나의 식성은 몬도가네파에 아주 가깝다.

정일근 시인은 동해의 고래를 만나러 오랫동안 바다 위를 떠다녔지만 나는 쟁반 위에 누워 있는 고래를 만나러 안 가본 곳이 없을 정도다. 1980년대 초 장생포 할매집의 주인 할머니는 "오늘 몇 시에 도착합니다" 하고 전화 한 통만 하면 대창 우네 정술 등등 온갖 희귀한 부위의 고래 고기를 다른 자리 손님들의 눈치를 봐가며 내주곤 했다.

요즘도 구룡포 쪽에 놀러 갈 일이 있으면 게를 먹든 생선회를 먹든 간에 끝판에는 고래 고기 가게에 들러 반드시 맛을 보고 돌아온다. 구룡포 해수탕 옆 모모식당(054-276-9856)에 들러 오만 원짜리 도시락 하나를 사면 서너 명이 호랑이 꼬랑지 바닷가에 앉아 소주 몇 병은 거뜬하게 비울 수 있다.

그런데 서울에 사는 후배가 "고래 고기 한 번 실컷 먹어 봤으면" 하고 전화한 지가 꽤 됐는데 아직 소식이 없네.

간월암 독살

풍류객들의 본령에는 시주색(詩酒色)이 바탕 되어 있다. 그들의 직업이 무엇이든 간에 풍류기가 발동하면 시를 짓고 술을 마시며 기생들과 얼려 가무를 즐긴다. 그 장소로는 풍월수(風月水)가 받쳐 주어야 한다. 바람 부는 언덕, 달빛 휘영청한 정자, 물소리가 귀를 간질이는 계곡이면 풍류라는 기운은 꽃이 피고 열매를 맺는다.

여기에서 멈추지 않는다. 그들의 취미활동을 들춰 보면 천렵과 수렵 등 렵(獵) 자와 상당히 깊은 인연을 맺고 있다. 다산도 낙향하여 이런 글을 쓴 적이 있다. "배 하나를 사서 그물과 낚싯대 한두 개를 갖춰 놓고, 또 술과 잔 그리고 소반을 준비하고 싶다. 늙은 아내와 어린 아들 그리고 심부름하는 아이를 데리고 수종산과 소수 사이를 왕래하면서 오늘은 그물로 고기를 잡고 내일은 어느 곳에서 낚시질을 하며 그 다음 날은 여울에서 고기를 잡을 것이다. 바람을 맞으면 물 위에서 자고 때로는 짧막한 시가를 지어 스스로 팔자가 사나워 불우하게 된 정회를 읊을까 한다. 이것이 나의 소원이다." (다산의 시 〈소내강

안개 속에서 낚시질하며〉 중에서)

선비들의 기록을 보면 낚시뿐 아니라 다양한 방법으로 천렵을 즐겼음을 알 수 있다. 또 그들 중의 일부는 벼슬자리에서 내려와 고향에 머물면서 덫과 창으로 수렵까지 즐겼다. 잡은 짐승들은 손수 요리하여 술을 마시며 노닐었던 기록도 심심찮게 볼 수 있다. 이렇듯 천렵과 수렵은 사람을 자연으로 돌아가게 하는 아주 손쉬운 방법 중의 하나가 아닌가 싶다.

천렵과 수렵처럼 엽(獵) 자가 뒤에 붙으면 자연 속에서 즐기는 행위를 표현하는 말이 된다. 그러나 엽관(獵官, 벼슬자리를 얻으려 추한 행동을 함), 엽주(獵酒, 지인을 찾아다니며 술을 얻어 마심), 엽색(獵色, 색을 탐함) 등 앞에 갖다 붙이면 야비한 인간들이 무엇을 탐하는 나쁜 단어로 바뀌게 된다.

제주의 어느 갯마을을 걷다가 바닷가에 돌을 쌓은 독살을 보고 한참 잊고 있었던 기억을 되찾은 듯하여 깜짝 놀랐다. 갑자기 고기가 잡고 싶어졌다. 독살은 쉽게 표현하면 돌로 만든 그물이란 뜻이다. 해변에 돌성을 쌓아 밀물 때 고기들이 물결 따라 들어왔다가 썰물 때 빠져나가지 못한 고기를 뜰망으로 잡는 원시적인 방법을 말한다.

내 고향은 바다가 먼 농촌이긴 하지만 봇도랑을 막아 세숫대야로 물을 퍼내 붕어와 미꾸라지를 잡곤 했다. 또 강의 얕은 모래바닥에 둑을 쌓아 그 속에 들어온 피라미 떼를 버드나무 회초리로 두들겨 잡은 아름다운 추억들이 바닷가 독살을 보는 순간 파노라마처럼 스쳐 지나갔다.

나는 그동안 한반도를 둘러싸고 있는 바닷가를 두루 돌아다니면서 많은 독살과 뻘에 말뚝을 박아 그물말을 친 곳을 숱하게 보아 왔다. 그럴 때마다 바지 둥둥 걷고 물속으로 뛰어들고 싶은 충동이 일곤 했지만 여건이 허락하지 않아 한 번도 실행에 옮기지는 못했다. 이 글을 쓰는 순간에도 태안반도 노루미 해변의 별주부 마을과 서산 삼길포의 독살 그리고 꾸지나무골의 아름다운 해변들이 눈앞에 아롱거려 환장할 지경이다.

그 중에서 좀처럼 잊히지 않는 곳이 있다. 서산의 맨끄트머리에 있는 간월도 간월암이 바로 그곳이다. 섬이 절이자 절이 곧 섬인 곳이 바로 간월도다. 간월도 동남쪽엔 규모가 제법인 독살이 밀물 때만 되면 온갖 고기를 끌어들인다. 스님들이 고기를 잡아 몰래 젓국을 담글 리가 없을 텐데 암자 옆에 독살 어장이 붙어 있는 이유를 모르겠다. 어쨌든 나의 국내 버킷 리스트에는 이렇게 적혀 있다. "간월암 스님에게 방부를 드리자. 하룻밤 외딴방에 묵게 되면 늦게까지 해조음을 듣자. 새벽에 물이 빠지면 독살에 나가 고기를 건지자. 스님 모르게."

간월도는 밀물 땐 섬이 되고 썰물 땐 육지와 연결되는 특이한 지형이다. 이는 프랑스의 종교철학자 프레데릭 르누아르가 쓴 소설 『이중 설계』의 배경이 되는 몽셀미셸 수도원과 거의 같은 구조를 가지고 있다. 이곳 간월도는 이성계가 조선을 개국할 때 왕사였던 무학대사가 달을 보고 깨달음을 얻은 곳으로 유명하다.

간월암은 신비로우면서 아름답다. 일출과 일몰 풍경은 막힌

곳이 없어 더욱 기가 막히고 달빛과 별빛은 유난할 정도로 은은하고 맑다. 그래서 간월(看月)이라 했다. 연전에 고교동창 몇몇이 모여 은하가 흐르는 바닷가 하늘 밑에서 밤새 술을 마시며 하룻밤을 즐긴 적이 있다.

그런 어느 멋진 날이 다시 올지는 모르겠지만 나의 버킷 리스트는 여전히 유효하다.

그리움은 사랑의 다른 이름

홍도는 그리운 섬이다. '그립다'는 말뜻은 보고 싶은 생각이 간절한데 가까이 없을 때 일어나는 현상이다. 설렘, 기다림, 그리움 등이 모두 앞서거니 뒤서거니 마음의 동요에서 오는 것들로 결국 '사랑'이란 결전 앞에 깔리는 전주곡들이다.

홍도는 형편만 된다면 일 년에 한 번쯤은 가봐야 하는 아름다운 섬이다. 눈을 감고 홍도를 그려 보면 눈에 넣어도 아프지 않을 만큼 예쁘다. 그런데도 지금까지 십 년에 한 번 꼴로 가봤으니 이런 글을 쓸 자격이 없다. 그러나 항상 가까이 있어도 사랑하지 않는 게 있고 멀리 있어 쉽게 보지 못해도 진정으로 우러나는 사랑 속에 피어나는 풍경도 있다. 홍도는 마음부터 먼저 끌리는 그런 섬이다.

목포발 홍도행 정기여객선을 타고 내릴 때쯤 저만치 보이는 섬의 풍광은 관광객의 마음을 사로잡고도 남는다. 해발 365미터의 깃대봉을 정점으로 내려 긋는 능선의 스카이라인은 스케치 전문 화가의 연선(鉛線)처럼 부드러우면서 시원하다.

홍도를 처음 보면 세 번쯤 놀란다. 등산로 군데군데 설치되

어 있는 나무계단을 따라 산꼭대기에 올라서면 일망무제로 탁
트인 바다와 아무렇게나 내려놓은 듯한 바위섬들이 어떻게 보
면 무질서 속의 질서가 연상될 만큼 그렇게 정연할 수가 없다.
치어다보는 산과 내려다보이는 바다는 서로 대립과 역(逆)의
관계지만 묘하게도 조화롭다. 그래서 놀란다.

　섬 일주 유람선에 올라 선장의 구수한 홍도의 전설을 들으
면서 기기묘묘하게 생긴 바위들을 보면 홍도의 숨은 비경 앞
에 감탄하지 않을 수 없다. 그뿐 아니다. 섬을 둘러싸고 있는
바다의 물빛은 날씨의 맑음과 찌푸림에 따라 천차만별로 달라
진다.

　빛 밝은 날의 바다는 푸른 잉크를 풀어놓은 듯 맨몸으로 풍
덩! 하고 뛰어들면 온몸이 천연염료로 염색이 될 것 같다. 그
것은 색채의 마술사인 마르크 샤갈이 〈일곱 손가락의 자화상〉
을 그리기 전 하늘로 날아가는 그림 속 여인의 얼굴빛을 푸르
게 칠한 것이 연상되기도 한다.

　바닷물은 결 따라 물빛이 다르다. 배가 지나가고 나면 일렁
이는 파도는 잘 찍은 물결무늬 동영상처럼 망막 속에서 한참
동안 어른거린다. 홍도의 바다에는 샤갈뿐 아니라 피카소와
고갱이 즐겨 그렸던 원색의 색깔이 물결 따라 출렁이고 있다.
이것이 홍도의 매력이다. 그래서 놀란다.

　홍도에서 일출을 보기란 쉬운 일이 아니다. 아름다운 섬에
서의 일박이란 엷은 흥분은 곧잘 술판으로 이어져 과음으로
끝나기 때문에 홍도의 아침 해는 반기는 이 없이 제 혼자서 뜬

다. 그러나 '홍도의 낙조'는 아무나 본다. 장님도 볼 수 있다. 시각장애인들은 '와아!' 하는 함성을 듣고 마음의 눈이 열리게 된다. 생선회를 푸짐하게 차려 둔 식당의 서창 너머로도 보이고 바닷가 산책길에서 맞는 해넘이는 주홍색으로 밑칠되어 있는 대형 캔버스를 보는 듯하다.

서해의 끝자락에서 생애 중의 귀한 하루를 마감한다는 것은 매우 신비로운 일이다. 태양이 바닷속으로 잠수해 들어가기 직전의 노을 색깔과 역광의 실루엣으로 드러나는 바위섬들이 만들어낸 소묘는 정말 황홀하다. '홍도 낙조'를 제대로 만끽하기 위해서는 배를 타고 바다로 나가 해를 등지고 붉게 타는 홍도를 바라보는 것도 장관 중의 장관이다. 그래서 또 놀란다.

홍도의 풍광을 나열하다 보니 자칫 지나치고 넘어갈 뻔했다. 섬 일주 유람선을 타고 가다 경치가 물릴 때쯤이면 어부 두 사람이 탄 어선 한 척이 서서히 접근한다. 간재미회와 소주를 싣고 "한 접시에 이만 원" 하고 고함을 지른다. 눈은 풍경을 포식을 했지만 위장은 출출할 무렵이다. 뱃전에서 맛보는 홍도의 간재미회는 추억 속의 멋진 삽화 한 토막이다. 그래 홍도, 그리움은 사랑의 다른 이름이야.

낚싯배에서 먹는 가자미회

가자미 낚시에 홀딱 빠진 적이 있다. 토요일 밤 10시쯤 동호인들이 모이는 낚시가게로 나가면 내보다 더 미친 사람들이 뻗은 팔에 금을 그으며 잡은 고기의 크기를 자랑하느라 떠들썩하다. 예약한 회원들이 얼추 모이면 밤 11시에 낚시 버스는 슬슬 출발한다.

버스는 바로 바다로 달려가지 않는다. 대구 시내 서쪽 끝까지 가서 그곳에서 기다리는 꾼들을 태워 휙 한 바퀴 돌아서 내려간다. 새벽 2시 포항에 도착하면 밤참을 먹거나 미끼를 사느라 모두가 분주하게 설쳐 댄다. 미끼는 청지렁이를 주로 쓰는데 항상 욕심이 앞서 많이 산다.

민물 붕어낚시의 승률은 3할(30%)대 정도로 '혹시'하며 떠났다가 '역시'하며 돌아오기가 다반사다. 그러나 도다리 낚시는 빈 망태로 돌아오는 경우는 거의 없다. 그것도 자연과의 대결이어서 많이 잡힐 때도 있고 적게 잡힐 때도 있다. 그렇지만 아무리 조과가 시원찮아도 가자미회는 그런대로 실컷 먹고 돌아올 수 있다.

욕심을 부리지 말아야지 하면서도 낚시를 가면 그게 안 된다. 미끼도 두어 봉지만으로도 충분한데 세 봉지를 산다. 남들은 낚싯대를 한 대만 펴는데 나는 뱃머리(이물)에 역방향으로 앉아 좌우로 두 대를 펼친다. 내 낚싯대 손잡이에는 고무줄이 달려 있다. 물린 고기를 끌어올릴 때 다른 낚싯대를 발끝에 걸어두기 위함이다. 그러니까 나는 손으로만 낚시질을 하는 것이 아니라 발까지 동원하여 낚시질을 하는 달인에 가까운 사람이다.

미끼도 가자미들이 볼 때 밥상이 푸짐하도록 바늘 하나에 지렁이도 여러 마리를 꿴다. 그래야 잔챙이들은 달려들지 못하고 입 큰 대물들이 덤빈다. 출조 때마다 돌 문어 몇 마리를 포함하여 가자미를 아이스박스 가득 채우는 것이 목표지만 한 번도 뜻을 이루지 못했다. 하기야 뜻과 꿈이 꾸는 대로 이뤄진다면 이 세상이 무슨 살맛이 나겠는가.

버스가 새벽 4시 조금 지나면 울진을 지나 죽변항에 도착한다. 낚시 가이드가 출항계를 받아 올 때까지 기다려야 한다. 만약 풍랑이 크게 일 조짐이 보이면 허가는 나지 않는다. 날씨가 좋으면 낚싯배로 한 시간 정도 달려 오전 다섯 시 반에는 낚싯줄을 드리울 수 있다.

가자미 낚싯배는 3-4명이 타고 바다로 나간다. 배들은 정치망을 쳐둔 어장의 밧줄에 뱃머리 목줄을 묶고 작업을 하게 된다. 밧줄이 오래되면 물때가 끼어 벌레들이 생기게 된다. 그 벌레들은 외줄타기에 실수할 경우 떨어져 가자미들의 먹이가 된다. 가자미들은 용케 그 사실을 알고 어장 밑바닥에 집단촌을 형성하여 먹고 마시고 새끼도 친다.

꾼들은 천평칭 저울처럼 생긴 낚시 채비에 미끼를 꿰어 바닷속에 내린 다음 천천히 고패질을 시작한다. 가자미들은 납으로 된 추가 일으킨 모래 먼지를 보고 달려와 미끼를 덥석덥석 문다. 큰놈이 물 땐 손끝에 감각이 전해지지만 잔챙이는 물어도 기별이 없다. 어쩌다 돌문어가 물리면 큰 걸레가 걸린 듯 감촉이 묵직하다.

가자미들이 한창 올라오기 시작하면 선장은 벌겋게 녹슨 부엌칼을 지휘봉처럼 흔들며 고함을 친다. "잔챙이는 모두 내 앞으로 던져." 그때부터 가자미는 회가 되고 선상 파티의 세팅 작업이 시작된다.

선장은 무뎌 보이는 칼로 겉가죽의 비늘만 벗겨 내고 뼈와 지느러미를 가릴 것 없이 통째로 회를 친다. 코펠에 담긴 푸짐한 가자미회에 초고추장이 부어지면 젓가락들의 칼싸움이 치열하게 벌어진다.

나는 지금도 가자미회는 낚싯배 뱃전에서 먹는 것보다 더 맛있는 것을 먹어 본 적이 없다. 단언하거니와 땡볕에 쪼그리고 앉아 소주 한 잔 마시고 젓가락이 휘도록 회를 집어먹는 맛은 정말 일품이다.

어느 해 여름에는 뱃머리로 돌아오는 와중에 발을 헛디뎌 바다로 빠진 적이 있다. 낚싯대마저 버리고 겨우 기어 올라오니 선장이 화난 얼굴로 "죽을라 카나, 살라 카나"라며 나무랐다. "수심이 얼만데요." "50미터밖에 안 되지만 조류에 휩쓸리면 이 배가 못 따라가." 나도 자칫했으면 밧줄에서 떨어진 벌레처럼 가자미밥이 될 뻔했다.

기절 낙지

낙지는 맛이 있다. 나는 낙지를 좋아한다. 낙지를 오랫동안 먹지 않으면 먹고 싶은 생각이 속에서 스멀스멀 기어오른다. 그럴 때마다 여행이나 산행계획을 세워 낙지의 산지로 떠난다. 그곳에는 싱싱한 낙지를 엄청 싼값으로 먹을 수 있고 차창에 비친 낯선 풍경은 덤으로 즐길 수 있다.

도시의 수족관에서 건져 낸 낙지 맛과 바다 뻘 속에서 잡아 새벽시장에 나온 낙지 맛은 분명 다르다. 신선도의 차이도 물론 있지만 기분이라고 흔히 표현하는 느낌의 차이가 맛을 좌우하기 때문이다. 김장김치는 길게 찢어서 먹어야 하고 송이버섯은 쇠칼이 아닌 대나무칼로 썰어야 더 맛있다. 막걸리는 놋잔이나 사발에 따라야 제맛이 난다는 생각은 편견이 아니라 경험이 심판하는 정당한 판결이다.

낙지는 어떤 요리를 해도 맛이 있다. 현지의 허름한 목로집에 도착하면 우선 '탕탕낙지' 한 쟁반을 시켜 목부터 축인다. 컬컬해진 목은 위장의 척후병으로 들어오는 시원한 맥주라도 한 잔 들이켜야 겨우 안정을 얻는다. 술 한 모금 마신 후 도마 위에서 난도질당한 산낙지 한 점을 참기름 소금에 찍어 입에 넣으면 세상이 온통 눈 아래로 보인다.

연포탕은 갯가의 별미음식 중의 하나다. 연포탕은 가자미 한 마리를 냄비의 바닥에 깔고 여러 가지 조개와 산낙지 두세 마리를 넣고 끓인 맑은 백탕이다. 약간의 파와 붉고 푸른 풋고추를 쏭덩쏭덩 썰어 넣고 간을 맞추면 솜씨에 크게 상관없이 맛있는 연포탕이 된다. 이 탕을 끓이는 냄비 뚜껑은 유리 또는 아크릴과 같은 투명 재질이어야 안이 훤하게 들여다보인다.

둥근 탁자에 빙 둘러앉은 연포탕 애호가들은 맹수와 검투사가 한 판 싸움을 벌이는 로마 원형경기장의 관람객과 다를 바 없다. 낙지의 긴 발 하나가 뜨거운 국물에 빠져 고통스런 몸짓을 하면 칼에 찔려 붉은 피를 흘리는 맹수를 보듯 즐거워한다. 낙지는 발밑에 있는 조개들 위에서 거만하게 어슬렁거리다 쓰나미처럼 끓어오르는 뜨거운 국물에 결국 익사하고 만다. 서서히 죽어가는 낙지의 모습은 한 편의 인생 드라마를 보는 것 같다.

여행 도반들이 목포를 다녀오면 음식 자랑이 늘어진다. 영란회집의 민어회, 독천식당의 세발낙지, 금메달식당의 홍어삼합 등이 이야기 밥상의 주인공으로 올라앉는다. 때로는 무안의 곰솔가든에서 먹었던 기절낙지 쪽으로 화제가 바뀌면 그곳에 가보지 못한 이들은 기가 죽고 다녀온 사람들은 기절했다가 살아난 낙지처럼 기가 펄펄 살아 입에서 침을 튀긴다.

가을이 오는 길목에 이렇게 훌쩍 길을 떠나지 못했다면 아직도 기절낙지를 먹어 보시 못한 촌놈으로 남아 있을 뻔했다. 기절낙지 반접(10마리) 값은 십이만 원이다. 낙지 외에 홍어와 돼지고기, 묵은지 등이 덤 안주로 따라 나오지만 과하긴 과한 편이다. 최근 몇 년 동안 여행길에 먹었던 가장 비싼 점심이었다.

산낙지를 요리할 땐 바닷물로 씻어야 하지만 기절낙지는 미끈거리는 점액질을 민물로 여러 번 치대듯이 빨아내야 한다. 낙지 다리는 칼이 아닌 손으로 떼어내야 하고 대가리는 익혀야 한다. 다리를 접시에 가지런히 배열한 후 대가리를 본래 모양대로 올려놓는다. 그러면 민물에 신물 나도록 고역을 치른 낙지는 죽은 듯이 누워 있다. 그렇지만 양파, 마늘, 생강, 식초 등으로 만든 붉은 소스 접시에 적셔지기만 하면 거짓말처럼 꼬물꼬물 살아 움직인다. 그래서 기절낙지다. 아니다. 예수처럼 다시 살아난 부활낙지다.

시어머니 밑에서 기절낙지에 대한 기술 전수를 받아 삼십 년 넘게 외길을 걸어온 안주인은 "손님이 드실 때까지 살아 꿈틀대도록 낙지를 다루는 게 요령"이라고 했다. 그러면서 "메뉴에 낙지 가격을 시가로 적은 것은 싼값에 들어올 때 싸게 받고 비싸게 들어오면 비싸게 받아야 하기 때문에 가격을 명시하지 못한다"면서 "여름철이 가장 비쌀 때이니 봄에 오셔요" 한다.

소싸움에 나서는 황소는 불끈 힘을 쓰려고 통상 낙지 몇 마리를 먹고 출전한다. 그런데 우리 다섯 도반들은 암소도 없는

타향에서 기절낙지를 두 마리씩이나 먹었으니 남아 도는 이
기운을 어디다 쓰지. 정말 고민이네.

복 사시미 여행

얼굴이 예쁘고 몸매가 잘빠졌으면 멋있는 여인이란 소리를 듣는다. 거기에다 살짝 강짜를 부릴 줄 알면 더할 나위 없이 아름답다. 생선은 그렇지 않다. 외모가 미끈하게 생겼어도 맛이 없으면 아무짝에도 쓸모없는 형편없는 고기로 취급받는다. 생선 세계에선 신언서판(身言書判)이 통하지 않는다.

복어의 생김새를 설명할 때 미모라는 낱말은 쓰지 말아야 한다. 그냥 복부비만의 짜리몽땅 생선이라면 가장 알맞은 표현이다. 복어는 오로지 살점의 맛과 내장의 독을 자만의 가치로 여길 뿐 성형외과 간판은 쳐다보지 않는다. 그런 복어지만 미학(味學)적 차원에서 멋있는 여인과 청평저울에 올려 보면 견줘 볼 만하다. 맛에 곁들여지는 '깡아리'는 신랑 잡아먹는 계집이라도 복어를 이길 수는 없다. 보잘것없이 태어나 제멋대로 자랐지만 여러 사람을 '죽이고도' 남는 게 복어란 생선의 숨은 맛이자 독이다.

투명한 살점을 얇은 칼로 대패질하듯 회로 쳐 푸른 바다가 그려져 있는 큰 쟁반에 붙여 놓으면 그건 음식이 아니라 예술

114

이다. 마치 '사랑하면 하늘도 날 수 있다'는 믿음을 가진 프랑스 화가 마르크 샤갈의 바다 풍경처럼 회 토막이 푸른 치마를 입은 여인과 함께 깃발로 나부끼고 있다. 비욘드 호라이즌 (Beyond Horizon).

회를 뜨고 남은 대가리와 뼈로 끓인 복지리와 복국도 일미다. 끓인 후 제독(除毒)을 위해 슬쩍 끼얹은 푸른 미나리도 한결 싱그럽다. 짜리몽땅 미모가 술꾼들의 해장탕으로 변주되면 그것은 순교에 가깝다. 사람이 종교를 위해 목숨을 던지면 성인의 반열에 올라 기림을 받는다. 복어도 술을 신봉하는 주교(酒敎)의 순교자로 치켜세운다면 나의 상상이 일반 상식을 추월하여 교통사고를 낸 것일까.

이 세상은 창세 때부터 대칭으로 설정되어 있었다. 낮과 밤이 그러하고 남과 여가 대립에서 화합을 모색하는 존재들이다. 선과 악 그리고 약과 독도 같은 맥락이다. 모두가 동전의 앞뒤처럼 야누스의 얼굴을 하고 있다. 그렇지만 그것들은 서로 물고 연결되어 배턴 없는 릴레이 경기를 하고 있다.

대낮이 일몰을 거쳐 어둠으로 빠져 들듯이 복어의 맛도 한겨울이 지나 봄 냄새가 풍기면 서서히 독으로 바뀌기 시작한다. 신달자 시인은 "하늘의 빛과 어둠의 분량이 비슷한 청색의 시간이 되면 삶의 설렘을 느낀다. 날이 밝으면 청색의 빛은 사라지지만 그것은 저녁 어둠의 청색 속에 닿았다가 다시 아침으로 흐른다"라며 순환의 이치를 말한 적이 있다.

복어회는 영물에 속한다. 송이와 마찬가지로 일 년에 한두 번 만나면 행운이라 할 수 있다. 복어회를 먹을 기회를 만들기 위한 묘안 하나를 생각해 냈다. 모임 회원 중에 자녀의 혼사 전에 반드시 복요리로 댕기풀이를 하게 하는 것이다. 계획은 적중했고 실천 또한 순조로웠다.

복어 파티가 계속되면서 '늅을 젓가락' 소동이 일어났다. 어느 대식가 친구는 젓가락을 늅혀서 한 번에 서너 모타리씩 집어 먹기 때문에 다른 이들의 먹이에 대한 박탈감은 상심의 수준으로 치달은 것이다. 그러다가 그 친구의 차례가 돌아왔다. 동해의 어느 바닷가 횟집에서 원정 파티를 벌였다. 출발 전에 '오늘은 모두가 늅을 젓가락질을 하여 본때를 보여 주자'는 음모를 꾸몄다. 그러나 따르는 이는 아무도 없었다.

어느 인류학자가 아프리카 아이들에게 음식 실험을 한 적이 있다. 그들이 좋아하는 음식을 나뭇가지에 매달아 놓고 먼저 달려온 아이가 먹도록 했다. '시작' 사인이 울렸지만 달리는 아이는 없었다. 손잡고 걸어와 함께 먹었다. "왜 뛰어가지 않았니". 아이들은 "우분투(ubuntu) 우분투!"라고 고함을 질렀다. '네가 있기에 내가 있다(I am because you)'는 뜻이다.

이 모임은 그럭저럭 해체되었지만 혀끝에 남아 있는 복어의 추억은 쉽게 지워지지 않았다. 요즘도 강원도에 눈 소식이 전해지면 임과 뽕을 함께 딸 심산으로 복어 여행에 나서곤 한다. 올해는 복어가 흉년인 모양이다. 예년 같으면 주문진항 주변 가게마다 복어가 넘쳐났는데 어시장의 난전에도 복어는 눈에 띄지 않았다. 회식당 수족관에 맥 빠진 밀복 몇 마리가 게으른 헤엄을 치고 있을 뿐 가격도 킬로그램당 육만 원으로 엄청 비쌌다.

하는 수 없이 복어 여행 때마다 들렀던 동해 최북단 마을인 거진항 자매식당을 다시 찾아갔다. 복어 세 마리와 도다리 세 마리를 단돈 십만 원에 흥정했다. 회와 지리로 오랜만에 갈증을 풀었다. 이 얼마나 감격스러운 일인가. 오, 왓어 원더풀 월드(Oh, What a Wonderful World).

'문어딜이'개 밤샘

문어는 아주 영리한 동물이다. 바다의 아리스토텔레스라고 부르기도 한다. 똑똑할 뿐 아니라 잔인하고 난폭하다. 그러나 맛은 좋다. 쫄깃쫄깃한 게 감칠맛이 일품이다.

가수 이문세의 아버지는 "글로써 세상에 이름을 알리라고 문세(文世)로 지었더니 음악으로 이름을 날리고 있는 음세(音世)가 되었네"라고 농을 한 것이 신문에 난 적이 있다. 문어의 조상은 그가 낳은 새끼들이 노랫가락에는 아예 소질이 없을 것 같아 가어(歌魚)란 이름을 붙이려다가 바닷속에서라도 글깨나 읽겠다 싶어 문어(文魚)라고 지었나 보다.

문어는 귀한 대접을 받는 어종이다. 안동을 중심으로 한 경북 북부지방의 잔치나 상가에 가보면 문어가 얼마나 고귀하고 지체 높은 음식인지를 금방 알 수 있다. 반가(班家)에선 회갑, 제사, 생일잔치에 내놓는 접빈 음식 중에서도 질 좋고 값비싼 문어를 얼마나 오래 그리고 얼마나 많이 내놓을 수 있느냐에 따라 그 집의 재력과 명성을 무언으로 과시한다.

안동 사람들이 문어를 음식 중의 음식으로 치켜세우는 데는 그만한 이유가 있다. '안동 김씨'의 세도가 말해 주듯 이곳은 양반 동네다. 문어의 이름 속에 문(文)이란 글자가 들어 있는 것도 한몫한다. 그리고 문어의 둥근 대가리는 '무(無)와 무한(無限)을 상징하는 도(道)의 원리를 알려 주는 깨달음을 뜻한다'고 해석하고 있다. 또 하나, 문어 다리가 8개인 것은 부계, 모계, 처가, 진외가, 외외가 등 팔족(八族)을 상징하며 깊은 바다에서 몸을 낮춰 사는 것도 수졸(守拙)하게 살아가는 선비의 삶을 닮았다고 생각하고 있다.

문어가 이렇게 반가의 칭송 속에서만 사는 것은 아니다. 연체동물의 비애도 있다. '문어는 뼈대 없는 집안의 자손이어서 뼈 있는 멸치에게도 절을 해야 한다'는 유머는 그동안 쌓아 온 문어의 명성이 한순간에 무너져 내리는 아픔이기도 하다. 또 있다. 문어는 안동 지방에선 최고의 대접을 받지만 이 지방의 개들에겐 아무런 공헌도가 없어 욕만 얻어먹었다. '양반 문어 딜이(파티)하는데 개 밤샘한다'는 유머가 바로 그것이다. 문어에 뼈다귀가 있어야 뜯어먹다 남은 것을 마당에서 기다리고 있는 개에게 던져 줄 터인데 하사품을 기다리던 개들은 하마나 하고 기다리다 밤샘을 하게 된다는 것이다. 기다리다 지친 개가 새벽녘에 하는 욕지거리를 이 글을 읽는 이들은 아마 짐작은 하시겠지. 선 오브 비치(Son of Bitch!).

그래도 문어는 가치가 있고 값이 비싸다. 제사상에는 마른 문어 다리를 '어물새김'한 것을 밤과 대추와 함께 반드시 올려야 한다. 문어 다리 하나 값도 만만치 않다. 다리를 칼로 오리는 것은 기운의 흐름을 표현한 문양이다. 연기나 구름이 피어오르는 것을 가녀린 문어 다리에 옮기는 주인어른의 섬세한 칼질은 바로 조상의 음덕을 기리는 숭고한 작업이 아닐 수 없다.

문어는 우리나라에서만 인기를 누리는 것은 아니다. 제사상 위의 조각된 문어 다리를 보고 있으면 이태리 명품 베르사체(Versace)의 꽃잎무늬 문양이 떠오른다. 우리나라에 출장 온 어느 디자이너가 제삿날 양반집에 초대되어 상에 오른 문어 새김을 보고 '아차' 하고 영감을 얻은 건 혹시 아닐까.

독일 와이프 수족관에 살고 있던 파울이란 놈은 점쟁이 문어로 세계적인 명성을 떨치다 죽었다. 지난 월드컵 4강전 때 독일 대 스페인의 경기가 열리기 며칠 전이었다. 스포츠 도박사들은 돈을 걸고 '내가 이기나 네가 이기나'에 명운을 걸고 있었다. 독일에서는 자국의 승리 무드가 무르익어 갈 무렵 승패 여부를 파울에게 물어보기로 했다.

수족관 속에 양국의 국기가 그려진 먹이상자를 두고 파울을 집어넣었다. 그 녀석은 슬금슬금 스페인 상자 쪽으로 기어가 먹이를 먹어 치웠다. 독일 사람들은 지난 2008년 스페인 대 독일 경기의 예상이 빗나간 전례를 들어 애써 자위했지만 파울의 점보기는 적중하고 말았다. 뼈대 없는 집안의 자손인 파울이 이런 신통력을 가진 것은 영매를 통한 하늘과의 교신 때문일까. 아니면 박수와 무당들의 치성 효과가 '신내림'으로 이어지듯 파울도 남들이 보지 않는 시간에 '눈에 보이지 않는 어떤 큰 손(HIM)'을 향해 기도를 드림으로써 비로소 가능해진 것일까. 그것은 나의 영원한 수수께끼다.

문어는 맛있는 음식이다. 꽁꽁 얼어 있는 겨울에 먹으면 더 맛있다. 도반들을 불러 문어딜이나 한 번 했으면. 개들이 촛불을 들고 '개새끼들'이란 욕을 퍼부으면 어쩌나. 욕먹을 준비부터 하고 문어를 주문해야겠다.

랩소디 인 블루

민어를 만나러 전라도 신안군의 지도로 간다. 지난해 민어 찾아 왔다가 지도 옆 임자도에서 하룻밤을 잔 적이 있다. 그때 매년 한 번씩 '민어 여행'을 하자고 도반들끼리 한 약속을 지키기 위해서다. 토요산방 일곱 도반들이 행장을 갖춰 이른 아침에 출발했다. 대구에서 다섯 시간이 조금 더 걸려 이곳 어판장에 도착한 시각은 정오가 조금 지나서였다.

우리의 목적은 오로지 살아 있는 민어 한 마리를 사는 것이다. 태풍 볼라벤과 덴빈이 거푸 두 차례나 지나가는 바람에 조황이 시원찮아 작년보다 숫자도 줄었고 값은 올라 있었다. 4킬로그램짜리 수컷 한 마리를 십이만 원에 사고 대신에 이박삼일 간의 식사는 우리 손으로 직접 끓여 먹기로 뜻을 모았다. 식당에서 밥을 사먹지 않으면 횟감 생선 비용을 조금 과다하게 지출해도 그리 손해 보는 장사는 아니란 계산이 섰기 때문이다.

여행 아마추어들은 한 번 다녀간 곳을 "또 가자"고 하면 그리 좋아하지 않는다. 그러나 진짜 마니아들은 갔던 장소를 여러 번 가도 마다하지 않는다. 절집 한 곳을 제대로 보려면 봄 여름 가을 겨울은 물론 비 올 때와 눈 올 때도 봐야 한다. 그리고 계곡에 물안개가 피어오르는 이른 새벽과 저녁노을이 노란 바탕에 붉은 붓질을 하는 은혜로운 순간도 망막 속에 저장해 두어야 한다. 또 푸른 달이 대웅전 처마 끝에 걸리는 그런 밤에도 홀로 거닐며 내가 누구인지 자아(自我)를 찾아 길 떠나는 나그네가 되어 보아야 '제대로 절 구경했노라'고 말할 수 있다.

나는 여행전문가가 아니어서 그런지 몰라도 지도 인근의 증도, 임자도, 도리포 중 한 곳을 잠잘 곳으로 정하고 싶진 않았다. 이곳은 이미 하룻밤씩 신세를 져본 장소이기 때문이다. 도반들의 생각도 마찬가진 듯했다. 우린 요기나 하고 이곳을 떠나자며 증도의 짱뚱어다리 초입에 있는 솔무등 정자에서 늦은 점심을 먹었다.

어판장에서 산 민어 뱃살과 부레 회를 안주로 술 한두 잔씩을 나눠 마셨더니 〈오 솔레 미오〉라도 한 곡 뽑고 싶은 생각이 간절했다. 우리가 이 섬으로 들어올 때 썰물로 빠져나간 바닷물이 그새 태도를 바꿔 밀물로 밀고 들어오는 모습을 보니 자연의 이치나 사람이 살아가는 도리가 비슷하다는 걸 느낄 수 있었다. 푸른 색깔에 우유를 탄 듯한 밀물의 바다가 술을 마셔 짜릿해진 뱃속으로 밀려와 넘실넘실 춤을 추고 있는 것 같았다. 기분이 참 좋았다.

이렇게 어정거릴 시간이 없었다. 바닷가를 따라 목포 쪽으로 내려가 보기로 했다. 경치 좋은 바닷가에 펜션이라도 만나면 거기서 하룻밤을 보낼 생각이었다. 항상 그렇듯 계획이 성사되기란 매우 어려운 일이다. 마침 목포 북항에 닿았다. 섬으로 떠나는 마지막 배가 1시간 거리인 안좌도행이었다. 우린 그 섬에 대한 아무런 지식도 없이 무조건 올라탔다. '아는 만큼 보인다'는 말이 있지만 아는 것이 없으니 아무것도 보이지 않았다. 우린 무엇을 보려고 배를 탄 게 아니다. 그냥 하룻밤 자는 것만으로 낯선 섬에 대한 허기를 채우기 위함이다.

"세상한테 이기지 못하고/ 너는 섬으로 가고 싶겠지/ 한 며칠, 하면서/ 짐을 꾸려 떠나고 싶겠지/ 혼자서 훌쩍, 하면서/ 섬에 한 번 가봐라, 그곳에/ 파도소리가 섬을 지우려고 밤새 파랗게 달려드는/ 민박집 형광등 불빛 아래/ 혼자 한번/ 섬이 되어 앉아 있어봐라"(하략)는 안도현 시인의 〈섬〉이란 시가 가슴을 칠 무렵 안좌선착장에 도착했다.

이곳은 안좌도를 시작으로 팔금도, 암태도, 자은도 등 네 개의 섬이 다리로 연결되어 있다. 하늘에서 본 형상은 목포 앞바다를 지키기 위해 꽁꽁 끼워 둔 네 개의 단추처럼 보인다. 그래서 이곳을 '신안의 비단 허리띠'로 불린다. 우리는 이들 섬 중에서 풍광이 가장 아름다운 맨 마지막 섬인 자은도에서 민박집을 구했다. 공기가 맑은 자은도의 밤하늘은 알퐁스 도데의 『별』이란 소설을 연극으로 꾸미려는 듯 온통 별과 은하수로 치장되어 있었다. 은하수라는 별 밭을 한참 치어다보고 있으면 조지 거쉬인의 '랩소디 인 블루'라는 곡이 연극의 배경

음악으로 흘러내릴 것만 같다.

이곳 네 개의 섬은 섬 자체가 박물관이자 놀이터다. 안좌도에서 박지도까지 547미터와 박지도에서 반월도까지 915미터가 갯벌 위의 나무다리로 연결되어 있다. 요즘은 둘레길을 걷는 사람들과 자전거 동호인들이 몰려와 섬이 품고 있는 풍광과 그 몽환적 분위기를 온몸으로 즐기고 있다. 우린 다음 행선지로 떠날 배 시간에 쫓겨 서둘러 나오느라 두 눈이 호사를 누릴 겨를이 없었다. 이곳 섬들은 내 기억의 갈피 속에 '미완의 섬'으로 남아 있다.

첫사랑 생선, 병어

내 고향은 바닷가도 산골도 아닌 어중간한 시골이다. 있는 건 있고, 없는 건 없지만 사실은 없는 게 더 많은 그런 농촌이다. 횟거리 생선만 해도 그렇다. 제대로 된 횟감 생선은 현지에서 몽땅 도시로 올라가고 고향 장터에는 소금에 절인 간갈치, 간 고등어와 마른 가자미뿐이었다. 허기야 물 좋은 생선들이 장날 새벽 어물도가에 부려진다 해도 선뜻 그걸 사 갈 아녀자들은 흔치 않았다.

고향에서 먹을 수 있는 생선회는 여름철엔 가오리회, 겨울에는 나들이 상어회가 고작이었다. 가오리와 상어가 생선회로 각광을 받는 이유는 웬만해선 식중독을 일으킬 위험이 없었다. 무를 굵게 채 썰고 물렁뼈 생선인 가오리와 상어를 회로 쳐 고추와 마늘을 다져 넣은 고추장에 독한 식초를 끼얹어 무쳐 놓으면 그야말로 별미다.

고등학교를 졸업할 때까지 생선회는 가오리와 상어회뿐인 줄 알았다. 대학에 진학하고 나서 어느 날 과대표에 입후보한 친구가 "시청 뒤 둥굴관에 모여라"는 사발통문을 돌렸다. 그곳의 생선회는 고향의 그것과는 판이하게 달랐다. 가오리 외에 병어란 생선과 살짝 익힌 오징어가 푸짐하게 담겨 있었다. 막걸리 한 잔 마신 다음 맛이 독특한 초고추장에 비벼 한입 먹어 보니 이건 숫제 환장할 맛이었다.

병어회가 이렇게 맛있는 줄은 난생처음 알았다. 당시 생선회 한 접시 값이 육십 원이었다. 그 액수는 시영버스를 열 번쯤 탈 수 있는 거액이었다. 아무리 먹고 싶어도 돈이 없어 다음에 있을 대의원 선거를 기다릴 수밖에 없었다. 졸업할 때까지 병어회를 몇 번 먹었는지 기억할 순 없지만 아무래도 다섯 손가락을 채 넘지 않을 것 같다.

지금도 그 시절의 병어회 맛을 또렷이 기억하고 있다. 살 속의 물렁뼈는 여물지 않아 씹히는 맛이 일품이어서 뼈만 한 접시 통째로 먹어 봤으면 하는 욕심이 생길 정도였다. 어느 요리사가 쓴 책에 "병어 맛은 구름 맛이라고 했다가 다시 솜사탕 맛이라"고 수정한 글을 읽은 적이 있다. 이 표현에는 약간의 구라(?)가 섞여 있겠지만 내 추억 속의 맛과 상당히 닮은 적절한 표현이었다.

병어의 살은 달고 희며 뼈는 물렁하다. 비늘은 없지만 아이들 동화책 표지 그림으로 나와도 좋을 만치 동글동글하면서 예쁘다. 고기의 크기에 따라 맛의 차이가 나지 않아 작은 것은 작은 대로 큰 것은 큰 것대로 맛있다. 살이 단단하여 쉽게 상하지 않고 계절도 타지 않는다.

여름에는 선창의 나무의자에 앉아 주모에게 비린내 물씬 풍기는 농담 한 마디 던지고 날된장에 병어회 한 점 먹으면 흘러 가는 구름도 멈출 만큼 호기로워진다. 겨울에는 포장마차 불 빛에 비치는 실루엣의 주인이 되어 병어회에 쌈장을 얹어 먹 으면 다른 낭만들과는 게임이 되지 않는다. 내 말에도 허풍이 느껴진다면 그렇게 한 번 먹어 보면 될 일이지만 그게 잘 안 될걸.

병어를 회로만 먹으라는 법은 없다. 병어의 몸통에 칼집을 넣고 양념을 하여 은박지에 싸서 토마토 소스를 끼얹어 오븐 에 넣으면 멋진 서양식 요리가 된다. 소스의 감칠맛이 병어 살 속에 그대로 배어 있다. 소주와 막걸리도 물론 좋지만 와인 한 병 곁들이면 시쳇말로 '죽인다'. 아니다. 함께 먹던 이가 여럿 죽어도 모른다.

병어는 떼로 몰려다닌다 해서 병어(兵魚)라 부르고, 생긴 모 양새가 떡 같다고 해서 병어(餠魚)라고 부르기도 한다. 어느 소설가는 병어의 맛을 '맨 처음으로 돌아오는 맛'이라고 했다. 어떻게 맨 처음으로 돌아갈 수 있는가. 그 맛은 입심 좋은 소 설가가 '맛의 근원에 가까운 것이 병어 맛'이란 걸 '구라'를 좀 풀어 그렇게 표현했겠지만 어쨌든 병어는 능히 찬사를 받을 만하다.

지난해 서천의 마량 포구에서 소금간을 약하게 한 병어 몇 마리를 사서 집으로 가져왔다. 내 딴에는 묽은 된장을 발라 참 숯 화덕에 껍질이 바싹바싹하도록 구워 그 맛을 음미해 볼 요 량이었다. 구워 먹고 남으면 병어와 궁합이 잘 맞는 굵은 감자를 썰어 냄비 밑에 깔고 대파 몇 뿌리를 쑹덩쑹덩 썰어 넣은 다음 간장에 갖은 양념을 해 근사한 병어 조림을 만들 작정이었다. 냉동 보관해야 할 그 보따리를 한참 잊고 있다가 냉장실에서 끄집어내 보니 추억의 생선이 한 물간 흐느적 생선으로 변해 있었다. 아이구 이를 어쩌나. 병어는 첫사랑과 닮은 생선이다.

섬초와 방풍나물

전라도 신안군의 섬마을 사람들은 시금치를 섬초라 부른다. 노지 재배한 시금치를 상표등록을 할 때 좀 튀는 이름을 갖다 붙인 것이 '신안 섬초'가 되었다. 섬초는 맛이 유별나다. 겨울 내내 차가운 해풍을 알몸으로 맞고 눈서리를 이불 삼아 덮고 지낸 인고의 세월이 맛으로 거듭난 것이다.

섬초는 내륙의 시금치와는 맛이 판이하게 다르다. 시금치는 키대로 일어서서 기립식으로 자란다. 그러나 섬초는 바람을 피하기 위해 납작 엎드린 포복자세로 성장한다. 키 대신에 몸집을 불린 섬초는 잎에 살이 많아 달고 맛이 있다. 섬초는 밤안개가 염분 섞인 습기를 밤마다 뿌려 주기 때문에 농약을 거의 사용하지 않는 항암식품이다.

섬초를 본격적으로 재배하고 있는 신안군의 비금면과 도초면은 아직 가보지 못했다. 1,004개의 섬이 널려 있는 신안 바다의 섬들을 조바심하거나 크게 안달하지 않고 하나하나 점령해 가고 있으니 늦어도 내년쯤엔 도초도에 들어가리라 생각하고 있다. 그곳에 가면 주변 바다에서 잡히는 고기들로 생선회

한 접시를 썰어 놓고 섬초 한 양푼을 심심하게 무쳐 배부르도
록 먹어 봐야겠다.

해풍 맞은 겨울 시금치를 생각하면 너무나 자연스럽게 추봉
도 생각이 난다. 추봉도는 이순신 장군의 나라사랑 얼이 스며
있는 한산도의 바로 코앞에 있는 아름다운 작은 섬이다. 한산
도 제승당 선착장에서 왼쪽 능선으로 올라가 세 시간쯤 걸으
면 한산읍에 이른다. 이 산행 코스가 알려지기 전에는 능선 위
로 나 있는 토끼길이 소나무 낙엽이 켜켜로 쌓여 있어 쿠션 좋
은 양탄자 위를 걷는 듯했다.

이 코스를 걷고 난 후엔 삐걱거리는 전마선을 타고 추봉도
로 건너가 미리 주문한 생선회와 참기름으로 잘 무친 시금치
를 밥 대신에 먹곤 했다. 우리 일행들이 자주 드나들었던 동백
장여관의 주인 박분임 여사의 마음씨가 좋아 무엇이든 원하는
것은 죄다 이뤄 주었다.

한 번은 "한산도 망산 정자 위에서 생선회를 먹고 싶다"고
했더니 "날짜만 잡으면 그렇게 하겠노라"고 대답했다. 그 약
속은 한 달 뒤에 지켜졌다. 그 집 아들이 오르막 임도를 따라
생선회를 오토바이에 싣고 온 것이다. 이순신 장군의 부하들
이 노심초사하며 망을 보던 그 망루에 앉아 잡어회를 먹었던
기억은 좀처럼 지워지지 않고 있다.

여수 금오도에 가지 않았으면 방풍나물을 맛보지 못할 뻔
했다. 앞서 말한 섬초는 시사주간지 타임지가 선정한 세계 10
대 건강식품에 들어간다. 그렇지만 방풍나물은 머위, 취나물,

땅두릅과 함께 금오도 4대 명품 나물이다. 이 나물은 풍(風)을 막아 주는 나물로 약효가 만만찮은 신비의 식물이다. 방풍나물은 중국이 원산지인 원방풍, 바닷가에 자생하고 있는 해방풍, 자생종을 밭에서 기른 식방풍으로 나눌 수 있다. 섬이라고 방풍나물이 무진장 서식하거나 길러지지는 않는다. 이곳 금오도와 태안 지역이 우리나라 방풍 생산의 95퍼센트를 담당하고 있다.

방풍나물은 상추처럼 부드럽지 않지만 씹으면 쌉싸르한 맛이 구미를 당기게 한다. 섬사람들은 손바닥에 방풍나물을 펴놓고 생선회와 된장, 풋고추, 마늘을 얹어 입이 터질듯이 쌈을 싸먹는다. 더러는 녹즙을 짜먹기도 하고 부침개를 부쳐 먹기도 한다. 일 년에 다섯 번 정도 수확하는 방풍나물은 값도 짭짤하게 비싸 이곳 섬사람들의 소득원 구실을 톡톡히 하고 있다.

방풍나물은 의지의 식물이다. 바람맞이 언덕에 씨가 뿌려져 뿌리가 내려지면 그때부터 고난의 일생은 시작된다. 방풍나물도 섬초처럼 키를 자랑하지 못하고 엎드려서 자란다. 섬초는 고난의 세월을 달착지근한 맛으로 보상 받지만 방풍나물은 눈서리 긴 세월을 이겨 낸 값을 약효로 받아낸다.

방풍나물은 우선 열을 내려 주고 습한 기운을 제거해 주며 통증을 완화시켜 주는 효과가 있다. 그것보다는 36가지로 꼽을 수 있는 각종 풍을 예방해 주는 신비한 효력을 지니고 있다고 믿고 있으며 그 믿음을 나물과 함께 섞어 팔고 있다.

꽃샘추위가 기승을 부리던 3월 초순에 금오도에 들어갔다. 여수 돌산 신기항에서 금오도 여천항으로 가는 아침 7시 45분에 출발하는 첫배를 탔다. 바깥 날씨가 너무 추워 부둣가 으슥한 곳에서 라면 끓일 계획을 포기하고 남면 내외진 마을의 상록수식당(061-665-9596)으로 들어간 것이 방풍나물과의 첫 만남이었다.

시래기국과 깔다구(농어 새끼) 조림을 비롯하여 섬에서 나온 온갖 나물무침들이 한 상 그득했다. 처음 먹어 보는 방풍나물을 두 번이나 청했다. 값은 일인분 팔천 원.

꿈에 만난 뿔소라

'전복 먹을래, 소라 먹을래' 하면 대부분의 사람들은 전복을 먹겠다고 한다. 조개맛을 제대로 아는 이는 전복 대신에 소라를 택하는 이들도 간혹 있다. 그들이 고수다. 소라는 민소라와 뿔소라로 구분된다. 소라껍데기에 울퉁불퉁 뿔이 나오고 껍질이 단단하여 망치질을 해도 잘 깨지지 않는 것이 맛있는 뿔소라다.

뿔소라는 껍질째 킬로그램 단위로 사야 하지만 먹을 수 있는 알갱이 살은 얼마 되지 않는다. 소갈비도 살점 값으로 사지만 뼈는 못 먹는 것과 같다. 그러나 내장을 떼어 내고 살만 엷게 썬 소라회를 참기름 소금에 찍어 먹으면 전복이 별로 부럽지 않다. 살이 얼마나 단단한지 이보다 더 꼬들꼬들한 것이 세상천지에 또 있을까? 다만 소화흡수율이 낮은 것이 탈이다.

대부분의 먹거리는 삶아 먹는 것보다 구워 먹는 게 더 맛있다. 조개도 마찬가지다. 대부분의 조개류는 숯불을 피워 아가리가 하늘을 향하게 하여 구우면 조개껍질이 솥이 되고 냄비가 되어 맛있게 익는다. 뿔소라는 여느 조개보다 단단한 껍질에 태극 문양의 뚜껑까지 덮여 있어 압력솥 내지 돌솥 같은 기능을 한다. 소라 속에는 짭짤한 간물이 배어 있어 초고추장이나 양념장에 찍어 먹지 않아도 된다. 부족이 곧 순수며 순수는 미학과 통한다.

"아침 바다엔/ 밤새 물새가 그려 놓고 간/ 발자국이 바다 이슬에 젖어 있다./ 나는 그 발자국 소리를 밟으며/ 싸늘한 소라 껍질을 주워/ 손바닥 위에 놓아 본다./ 소라의 천 년/ 바다의 꿈이/ 호수처럼 고독하다.(하략)" (황금찬 시인의 〈7월의 바다〉중에서)

나는 요리사가 되어야 할 사람이다. 첫발을 언론계에 들여놓아 빼지도 박지도 못하고 기자라는 한 가지 직업에 매달려 청춘을 소진하고 말았다. 요즘도 붓을 들 때마다 회칼을 들고 있어야 할 사람이 길을 잘못 들어 평생 '이 고생을 하고 있구나'하고 나를 위로하곤 한다. 나는 음식을 직접 만들어 친구들에게 먹이는 것을 좋아한다. 그건 예나 지금이나 마찬가지다.

나의 단골식당은 대체로 허름하다. 그런 밥집 주인은 나이가 육십줄을 넘은 산전수전을 다 겪은 이들이다. 어쩌다 산지에서 갖고 온 강섬돔이나 민어 등 싱싱한 생선을 가져가서 내가 직접 회를 치거나, 문어나 낙지를 삶거나, 소라와 고둥을 구워도 싫어하는 내색을 하지 않는다. 식당이 깨끗하고 실내장식이 번지레한 곳은 아예 주방에 발을 들여 놓지 못하게 한다. 나는 그런 화려한 식당에서 밥을 먹으면 밥맛도 없고 소화가 잘되지 않는다.

논설위원으로 근무할 때다. 논설위원들은 일찍 출근하여 사설을 쓰든 칼럼을 쓰든 오전 11시가 되면 일이 끝난다. 점심을 먹는 단골집이 지금은 없어진 대구 염매시장 안 풍곡식당이다. 구석방의 앉을 자리를 정해 두고 슬슬 시장을 한 바퀴 돌다 보면 맘에 드는 먹거리가 반드시 눈에 띄게 마련이다.

물 좋은 돌문어를 만나면 얼씨구나! 하며 삶아 먹고, 뿔소라가 보이면 구워 먹기가 번거로워 그것도 삶아 먹는다. 한 번은 민고동 몇 마리를 삶아 먹는데 살 속에 들어 있는 독소인 노란 곱을 빼내지 않고 그대로 먹었다가 혼이 난 적이 있다. 점심을 먹고 밖으로 나오니 하늘이 노랗게 변하더니 온통 세상이 뱅글뱅글 돌아가고 있었다. 동료들과 함께 바로 병원으로 가 해독주사를 한 대씩 맞고서야 겨우 정신을 차렸다.

추석 전후 송이철이 오면 가장 신이 난다. 다행스럽게도 송이가 풍년인 해에는 B급이 킬로그램당 10만 원 내외로 떨어진다. 그러면 송이 파티 참가 희망자를 모집하여 식당 아주머니를 앞세우고 장보기에 나선다. 인원이 많아 송이가 모자랄 성싶으면 소고기를 한 근쯤 사서 보태면 도리어 푸짐한 만찬 식탁으로 바뀌게 된다. 그래서 '논설실 송이 파티'는 신문사 내에서도 명품 프로그램으로 소문이 나기도 했다.

유능한 셰프(Chef)의 눈에는 음식 재료가 아닌 것이 없다. 중국인들은 책상 다리를 빼곤 모든 것이 음식 재료란 말이 있다. 나는 셰프는 아니지만 시장을 한 바퀴 돌아보면 동료들과 함께 점심 한 끼 즐길거리는 무엇으로라도 해결할 수 있는 능

136

력이 있다. 하루는 시장의 돔배기 가게 상어껍질을 헐값에 수거해 와 펄펄 끓는 물에 튀겨 낸 다음 초고추장에 찍어 먹는 요리를 즉석에서 만든 적이 있다 그 맛 또한 기가 막힌다.

내가 속해 있는 일생 스쿠버 팀들은 울릉도 통구미 앞 바위 벼랑 밑에 뿔소라가 엄청 널려 있는 비밀의 장소를 알고 있다. 안주거리가 없으면 두 사람이 바닷속으로 들어가 삼십 분 정도 작업하면 너댓 사람이 충분하게 먹을 양을 잡아 온다.

지난밤 새벽, 화덕에 참숯불을 피우고 뿔소라를 구워 먹는 신나는 꿈을 꾸었다. 그것 먹고 싶은 마음을 가까스로 달래느라 이 글 한 편을 쓴다.

월포리 물회

이 세상에는 노력과 연습 없이 이뤄지는 일은 아무것도 없다. 자전거타기와 헤엄치기가 그렇고 외국어 회화와 골프를 비롯한 모든 운동이 그렇다. 아무리 천재적인 소질을 가졌더라도 반복적인 연습과 노력 없이는 목표하는 바를 이룰 수가 없다.

운동과 공부만 그럴까. 음식도 이 범주에서 한 치도 벗어나지 않는다. 가령 내륙 깊숙한 시골에서 태어나 한 번도 생선회를 먹어 본 경험이 없는 사람은 회 먹기를 즐기기는커녕 먹는 것 자체를 꺼린다. '아는 것만큼 보이듯'이 '먹어 본 만큼 먹을 줄 아는 게' 진실이다.

회식 자리에 근사한 생선회 쟁반이 올라왔는데도 간고등어 자반 쪽에만 젓가락질을 하는 사람은 고향이 충청도거나 경북 내륙의 기차역이 없는 산골 출신임이 분명하다. 그런데 특이한 사람도 더러 있다. 태어나서 장성할 때까지 바다 구경을 못한 시골뜨기가 생선회가 올라오기가 바쁘게 먹어 치우는 이가 바로 그들이다. 그런 사람을 보면 완도 출신 최경주 선수가 미국 PGA를 제패한 것이나 다름없이 느껴져 혼자 웃음을 참지 못한다.

나는 초등학교 육학년 때 수학여행을 가서 경주 토함산에 올라 해 뜨는 아침 바다를 처음 보았다. 생선회는 대학에 들어가서 오징어, 가오리, 병어가 같은 쟁반에 담긴 삼류 모듬회를 막걸리와 함께 처음으로 먹어 보았다. 세상에! 초고추장을 찔끔찔끔 부어 비빈 그것들이 그렇게 맛이 있을 줄이야.

생선회 중에서도 물회를 만난 건 아마 서른 즈음이다. 조금 부끄러운 이야기지만 어차피 물회 상을 펼쳐놓고 보니 그 이야기를 하지 않을 수 없을 것 같다. 조간신문을 펼쳐 보니 한반도 지도에 고속도로망이 그려져 있었다. 박정희 대통령이 경부고속도로를 닦은 후 남해고속도로를 건설한다는 기사가 실려 있었다.

자세히 들여다보니 남해 다음에는 현재 빈칸으로 남아 있는 강릉에서 포항간 고속도로가 다음 차례로 단연 유망할 것 같았다. 무릎을 탁 치며 일어섰다. '바닷가에 땅을 사는 거다.' 매월 오천 원씩 붓던 이십만 원짜리 적금을 해약하여 매 주말마다 바닷가로 뛰어다녔다. 그건 마치 세르반테스의 소설에 나오는 어설픈 돈키호테 모양 그대로였다.

그 액수는 평당 오천 원짜리 땅 마흔 평을 살까 말까 한 돈이었다. 돈키호테는 긴 칼을 들고 풍차를 향해 돌진했지만 나는 맨땅에 헤딩하는 식으로 매 주말마다 바닷가로 달려갔다. 지성이면 감천인지 월포란 동네의 유지 한 분이 이렇게 말했다. "주말마다 내려오시오, 회는 내가 살터이니" 그분은 한 주도 거르지 않고 찾아오는 나의 끈기에 감동한 듯 내가 인사하고 들어가면 생선회와 술이 뒤따라 나왔다.

바닷가로 나다닌 지가 서너 달이 지났지만 땅은 한 평도 사지 못하고 겨울이 지나갔다. 대신에 그 동네 어른들과 안면을 터고 앞바다에서 잡히는 생선은 원도 한도 없이 실컷 먹었다. 당일치기 바다행이 일박이일로 늘어났고 우리 가족이 몽땅 그 집 방 한 칸을 차지해도 미안해 하지 않아도 될 만큼 친분이 도타워졌다.

하루는 월포 앞바다에 쳐둔 정치망에서 고기를 잡는 총대장인 어로장 재만 형이 "물회 먹어 봤어" 한다. "아뇨." "그러면 내일 아침에 바라소주(병마개 없는 하급 대병 소주) 몇 병 들고 어막(魚幕)으로 와" 한다.

다음 날 아침 유지 어른과 함께 어막으로 갔다. '물 보러 가는'(그물에 걸린 고기를 건지러 가는) 어부들이 잡어를 썰어두고 우리를 기다리고 있었다. 양은 대접에 막회 한 웅큼과 식은 밥 한 술을 넣고 고추장을 듬뿍 얹더니 찬물을 붓고 그걸 마셔 보라고 했다. 이른바 그게 어부들이 물 보러 가기 전에 해장술 한 잔과 함께 마시는 물회라는 것이었다.

나는 어릴 적부터 험한 음식과 남들이 먹을 엄을 못내는 괴상한 음식도 잘먹는 식성을 가졌기 때문에 물회 한 그릇 마시기는 식은 죽 먹기보다 쉬웠다. 나중에 알고 보니 그것이 어부들과 친해지는 통과의례였다.

그날 이후 주말에 월포에 내려가기만 하면 반드시 어부들과 함께 물 보러 간다. 간밤에 마신 술이 과해 진작 따라 나서지 못하면 재만 형이 횟거리를 챙겨 숙소로 보내주었다. 몇 해 뒤 재만 형이 간암으로 별세했단 소식을 듣고 내려가 밤샘 문상을 했지만 아무도 물회를 먹자는 이는 없었다. 어부들과 함께 먹던 단순소박한 그런 물회 한 그릇을 마시고 싶다.

해삼밥 짓기

나는 엉뚱한 구석이 많은 사람이다. 대학 다닐 땐 책 살 돈이 없어 빈 가방에 도시락만 넣고 다녔다. 영문학과를 다녔는데 영어책이 없었으니 공부는 하나마나였다. 3학년 땐 어머니께 무슨 거짓말로 둘러댔는지 기타를 사서 〈라 파로마〉를 퉁기고 다녔다. 그것 또한 스승을 만나지 못한 데다 재능이 모자라 경지에 오르지 못하고 중도하차하고 말았다.

나는 열차 통학생이었다. 고교 땐 선생님이 인정해 주는 단골 지각생이었다. 그때 열차는 제 시각에 맞춰 운행되지 않았다. 배운 것도 다 모르는데 안 배운 것을 알 턱이 없었다. 공부와의 거리는 점점 더 멀어져 갔다. 그래도 별로 답답해하지 않았다. 천성 탓이다.

대학에 입학하자마자 산악부에 들어갔다. 공부보다 산행을 더 열심히 했다. 주말은 팔공산에서 살다시피 했다. 2학년으로 올라가자 하계 산행이 지리산 종주로 결정됐다. 그런데 경비가 없었다. 할 수 없이 어머니가 교회에 간 사이 쌀독의 쌀을 퍼내 시장에 내다 팔았다. 출발 당일 아침에 어머니의 빗자루가 거꾸로 서서 춤을 추었다. 무거운 륙색을 짊어지고 냅다 뛰었다. "다시는 집에 들어오지 마라." 어머니의 패악에 가까운 소리가 등 뒤에서 들려왔지만 나는 마냥 즐거웠다.

그러다가 다른 바람이 들었다. 말이 타고 싶었다. 교양학부 북쪽에 있는 마장에 자주 드나들었더니 하루는 마음씨 좋은 목부가 공짜로 말을 태워 주었다. 꿈에서도 말이 어른거렸다. 버스비도 없는 주제에 양키시장 중고 신발가게에서 박차가 달린 승마화를 거금 70환을 주고 샀다. 박차를 책가방 속에 넣고 다니니까 걸어다녀도 말 탄 것처럼 신이 났다. 우쭐우쭐. 그 박차는 지금도 서가 한쪽 구석에서 말의 배때기를 찌를 날을 기다리고 있다.

마음에 또 바람이 일기 시작했다. 이번에는 바다였다. 바닷가에 촌집 한 채를 사고 싶었다. 20만 원짜리 적금을 해약하여 무작정 바다로 달려갔다. 동해의 월포라는 포구였다. 몇 개월을 나다닌 끝에 30만 원을 주고 삼 칸 초옥 한 채를 매입했다. 당장 살 집이 아니어서 빈집으로 버려두었다. 그랬더니 무너져 내리기 시작했다.

그해 여름, 가족과 함께 휴가를 월포에서 보내기로 했다. 내 집 마당에 텐트를 치고 첫 입주식을 치렀다. 아내와 아이들이 "뭐 이런 데서 자는 거야" 하고 투덜댔다. 그래도 나는 영화 〈위대한 개츠비〉에 나오는 대저택의 주인이나 된 듯 무척 기뻤다. "내일 점심은 방파제에 나가 조개를 잡아 멋진 코펠 밥을 지어 주겠다"는 약속으로 얼버무렸다. 너덜거리는 부엌문이

서핑 보드로 쓸 수 있을 것 같아 그걸 떼어 내 바다로 들고 나갔다. 두 쪽짜리 송판을 바다 위에 띄워 두고 멋진 폼으로 올라탔으나 부력이 약해 물속으로 곤두박질치고 말았다. 아이들이 웃자 아내도 따라 웃었다. 그 웃음 속엔 '바보, 돈키호테!' 란 뜻이 숨어 있었다.

서핑 보드를 밥상으로 대신하고 해삼이나 몇 마리 건져 볼 요량으로 물속으로 들어갔다. 방파제 부근은 수온이 높아 아무것도 없었다. 가까운 해녀 집을 찾아가 해삼 삼천 원어치를 샀더니 우리 식구가 먹고 남을 만치 많이 주었다. 급하게 설쳐 대는 아이들에게 한 접시 썰어 주고 나머지로 밥을 지었다. 뜸을 들여 뚜껑을 열어 보니 해삼은 한 조각도 보이지 않았다. 그래도 밥에는 해삼 냄새가 물씬 풍겼다. 알고 보니 너무 일찍 해삼을 넣은 탓에 열기에 녹아 형체가 없어진 것이다.

여태 살아오면서 한 번도 멘토를 만나지 못했다. 모든 걸 스스로 깨우치는 독학으로 일관해 왔다. 지름길을 알지 못했으므로 성취하고 도달하는 데는 시간과 노력이 많이 들었다.

그러나 후회하지 않았다. 그동안 목표보다는 과정에 더 많은 재미를 느껴왔기 때문이다. 해삼밥도 혼자 서너 번 실습하고 나서야 해삼이 사라진 이유를 알았다. 해삼밥은 뜸을 들인 후 썬 해삼을 넣고 비벼야 줄어들지 않는다. 해삼밥은 정말로 맛있는 음식이다.

통대구 생선회

생선회는 맛이 있다. 계절, 장소, 시간에 따라 격식을 갖춰 먹으면 더 맛이 있다. 그러나 아무 생선이나 날것으로 먹어선 안 된다. 생선의 종류와 성질에 따라 회, 탕, 찌개, 구이, 조림 등 다양하고 특별하게 조리해야 참맛이 난다. 아무리 좋은 곡의 노래라도 박자가 어긋나면 맛을 버리듯이 생선도 꼭 알맞은 요리방법을 택해야 제맛과 멋을 낼 수가 있다.

바닷속의 고기는 태초부터 있어 왔지만 언제부터 사람들이 생선회를 즐겼는지는 분명치 않다. 중국은 2,500년 전 『논어』의 향당 편에 "회는 가늘어야 한다"는 기록이 있다. 또 장안 편에는 재나라 장안이란 사람이 고향인 오나라의 농어회가 먹고 싶어 벼슬을 버리고 낙향한 이야기를 싣고 있다. 11세기 송나라 사람 소동파는 복어회를 먹어 본 후 "그 맛, 죽음과도 바꿀 만한 가치가 있다"고 했으며 공자도 생선회를 즐겼다는 기록이 여러 군데 있다.

한편 일본은 1399년 무로마치 시대 교토의 한 신관의 일기에 생선회에 관한 기록이 전해지고 있다. 사시미로 일컬어지

145

는 일본의 생선회는 주로 무사 계층에서 유행되었다. 어느 날 어느 장군이 귀한 손님을 대접하기 위해 조리장에게 맛난 요리와 귀한 술을 준비하라고 일렀다. 조리장은 열 가지가 넘는 생선회를 메인 디시로 하여 상다리가 부러질 정도로 음식을 차려 내왔다.

그날 밤, 맛에 반한 손님은 주방의 조리장을 불러 횟감의 생선 이름과 요리 방법을 물었다. 조리장은 그날은 무난하게 설명을 마쳤지만 또 다른 손님이 올 경우 주인어른이 쉽게 설명할 수 있도록 한 방법을 고안해 냈다. 그것은 바로 쟁반에 담긴 생선에 이름을 쓴 작은 삼각 깃발을 꽂는 것이었다. 사시미의 사스는 찌르다, 꽂다의 뜻이며 미는 생선의 살을 뜻하는 것으로 그때부터 생선회를 '사시미'라고 불렀다. 조리장의 신선한 아이디어가 주인인 장군의 마음을 편안하게 해 주었다.

우리나라는 고려 때와 세조 때 회에 관한 희미한 설명이 있긴 하지만 17세기 초 송만선이 쓴 『산림경제』에 "생선의 껍질을 벗기고 살을 얇게 썰어 천으로 물기를 닦아낸 후 생강과 파를 접시에 곁들이고 겨자를 양념으로 쓴다"는 것이 확실한 기록이다. 짤막한 이 글은 지금까지도 생선회를 치는 방법의 원전으로 회자되고 있다.

횟감 생선 중에는 살이 단단한 놈과 살이 연한 놈으로 구분된다. 살점이 단단한 어종은 복어, 넙치, 돔 등이며 연한 어종은 참치, 방어, 농어, 민어 등이다. 단단한 놈들은 콜라겐이 많이 함유되어 있어 씹으면 쫄깃쫄깃하고 맛도 좋다. 그래서 회를 뜰 때는 얇게 썰어야 하고 살이 연한 놈들은 두껍게 썰어야 씹는 맛이 좋아진다.

흰 살 생선은 고추냉이(와사비) 간장에, 붉은 살 생선을 비롯하여 멍게, 굴, 오징어 등 패류는 초고추장에, 등 푸른 생선은 마늘 다진 것과 풋고추를 섞은 된장에 찍어 먹는 것이 좋다. 그리고 또 하나, 생선회를 먹을 때 가장 어울리는 술은 소주라고 생각하는 사람이 의외로 많다. 맞는 말이다. 그렇지만 생선회 파트너로 소주 대신 와인으로 한 단계 올려 주면 먹는 사람 스스로가 고급화된 것 같아 기분이 좋아진다.

일반적으로 소고기 등 육류를 먹을 땐 레드 와인을, 생선요리를 먹을 땐 화이트 와인을 선호한다. 그 이유를 모르기 때문에 그동안 와인을 즐기는 사람들까지 '경험 법칙'이라 얼버무렸다. 최근 미국 캘리포니아 대학의 타카유키 타무라 교수팀이 그 이유를 밝혀냈다. 레드 와인에는 철분 성분이 강해 그것이 해산물과 만나면 비린내를 유발한다는 것이다. 그래서 철분이 적게 들어 있는 화이트 와인이 생선회와 짝꿍이 되어야 한다는 것이다. 나는 생선회를 먹을 때 막걸리를 곧잘 마신다. 언제 횟집에 갈지도 모르는 처지에 레드니 화이트를 따질 여유가 없기 때문이다.

며칠 전, 토요산방 도반들과 진해 용원으로 내려가 바닷가 식당에서 제철 만난 대구 두 마리를 십일만 원에 흥정하여 회로 쳐서 먹었다. 난생처음 먹어 본 대구회는 물컹거리는 게 그야말로 맛은 별로였다. 아니나 다를까 다른 친구들도 벽에 붙

은 메뉴판만 쳐다보다가 대구회를 남기고 말았다. 대구는 탕
감이지 횟감은 아니야. 암, 그렇고 말고. 대구는 솥에 들어가
서 펄펄 끓여야 제값을 하는 생선이야.

자리돔의 출가

가출(家出)한 처녀는 술집으로 가고 출가(出家)한 처녀는 수녀원이나 절에 모인다. 가출은 목적 없이 홧김에 '집을 나감'을 말하고 출가는 뚜렷한 목표를 갖고 '집을 떠남'을 이른다. 가출은 일시적이고 어느 정도 귀가를 전제하고 있지만 출가는 종교적 성격이 강해 귀가를 기대할 수 없다.

출가는 어떤 목적을 이루기 위해 집을 나오는 것이며 가출은 집을 나오는 자체가 목적이다. 그래서 전자는 허락을 얻은 것이며 후자는 무허가 일탈이라 말할 수 있다. 절집 유머 중에 이런 것이 있다. 가출한 사람은 입산할 때 국립공원 입장료를 내야 하지만 출가하는 사람은 그냥 들어와도 된다.

가출과 출가는 인간 세상에만 있는 것은 아니다. 지구의 기후 변동으로 나무와 풀꽃들의 가출 현상이 심각하게 일어나고 있다. 심지어 바다의 물고기들까지 출가를 결심하고 살고 있던 둥지를 떠나고 있다. 한때 대구 경북의 대표 브랜드인 사과는 충청도 쪽으로 밀고 올라갔으며 대신에 유자, 오렌지 등이 남쪽지방의 새로운 과일로 뿌리를 내린 지가 한참 되었다.

한반도의 가로수는 은행나무와 플라타너스, 왕벚나무가 주종이었지만 이젠 노란 은행잎이 떨어져 있는 낭만의 길을 걸어 보는 것도 어려워질 전망이다. 월 평균 기온이 10도 이상 8개월이 넘으면 아열대 기후로 분류된다. 포항에서 부산을 거쳐 통영으로 이어지는 남쪽은 이미 아열대로 접어들었다. 그래서 각 지자체들도 먼나무, 가시나무, 후박나무, 구실잣밤나무를 비롯하여 심지어 종려나무까지 가로수로 심을 계획을 세워 두고 있다.

최근 한용복재단 초청으로 울릉도엘 다녀왔다. 애초에는 독도까지 둘러보고 '우리 땅, 독도를 넘보지 마' 하고 크게 소리 지르고 올 참이었는데 마침 풍랑이 심해 배를 띄우진 못했다. 대신에 우리 일행들은 빈 시간에 울릉도를 샅샅이 훑어보는 기회를 가졌다.

얼마 전까지만 해도 '고무다라이' 아줌마들은 자리돔을 횟감 생선으로 취급조차 하지 않았다. 2년 전인가, 저동에서 내다버리는 자리돔 한 바가지를 얻어 즉석에서 강회를 쳐 맛있게 먹었던 기억이 어제 같은데 이젠 킬로그램당 이만 오천 원이다. 자리돔은 제주 해역의 붙박이 생선으로 오랜 세월 동안 제주의 명물로 군림하고 있었다. 그런 자리돔이 독도를 비롯한 울릉도 인근 해역으로 몰려와 해양생태계의 새로운 한 축을 담당하고 있으니 상전벽해가 따로 없다.

최근 국립수산과학원 독도수산연구센터는 독도 주변에 서식하는 자리돔의 DNA를 분석한 결과 제주의 것이 이주해 왔음을 밝혀 냈다. 이렇게 되면 제주 자리돔의 울릉도 진출은 가출인가 출가인가 아니면 탈출인가를 규정짓기가 아주 까다로워진다.

제주 자리돔은 아주 맛있는 명품 생선이다. 보기에는 보잘것 없고 작고 못생겼지만 외양을 탓할 그런 물건이 아니다. 자리돔으로 만들어내는 음식은 물회, 강회, 구이, 무침, 조림, 젓갈 등 실로 다양하다. 개인마다 선호도의 차이는 있지만 어느 것 하나 맛없는 것이 없다. 나는 유채꽃 필 때 뼈가 덜 여문 자리돔을 뼈와 지느러미 채로 썬 물회와 강회를 가장 좋아한다. 항상 머릿속에서 그려지는 제주의 추억은 산행이나 경치보다는 서귀포 보목리의 자리돔 물회가 첫 장에 펼쳐진다.

제주에서 나는 자리돔이라도 모두 같은 것은 아니다. 서귀포 바다 밑은 모래로 덮여 있어 자리돔이 작고 부드러우며 모슬포 쪽은 조류가 세고 파도가 거칠어 크고 뼈가 강하다. 그래서 남쪽 것은 회로 먹고 북쪽 것은 구이로 먹는다. 그리고 자리돔 강회는 머리를 잘라 내고 키대로 길게 두 번만 썰면 된다. 이때 강회 마니아들은 지느러미와 꼬랑지를 제거하지 않고 그대로 씹어 먹는다. 뼈와 지느러미 맛이 별미다.

제주 사람들은 물회나 강회를 먹을 때 된장에 찍어 먹는다. 막걸리 한 잔 벌컥벌컥 마신 후 몸통에 칼집을 낸 자리돔을 상추에 쌈장을 얹어 한입 먹으면 눈알이 확 뒤집어진다. 알이 송송 밴 자리돔을 날된장에 쿡 찍어 먹으면 참치 뱃살과 바꿔 먹자 해도 고개를 가로로 흔드는 게 자리돔의 참맛이다.

자, 이쯤 해 두고 울릉군 관계자들에게 한마디 부탁의 말씀을 올려 보자. 제주의 토종 물고기인 자리돔이 가출을 했건 출가를 했건 독도와 울릉도로 이주해 왔으면 그들을 위한 대책을 마련해야 한다. 요즘 좌파들이 배신자라고 욕을 퍼붓는 탈북자들을 우리 정부가 따뜻하게 맞이해 주듯 그렇게 해야 한다. 집을 떠나온 자리돔을 울릉도 명물로 만들려면 부둣가 고무다라이 아줌마들을 제주도로 선진지 견학을 보내 회 써는 법과 요리법부터 벤치마킹해 와야 한다. 오징어가 떠난 자리에 자리돔이 주인 노릇을 할 날이 멀지 않았다.

자린고비에 관한 명상

법성포에 들어서니 길가 가게마다 굴비 두름이 휘장처럼 걸려
있었다. 울릉도에 가면 오징어가, 외포에 가면 대구가, 감포에
가면 꽁치가, 용대리 덕장에 가면 명태가 덕대에 걸려 바람에
몸을 말리듯이 이곳도 그랬다. 바닷가 특산물의 대부분은 이
렇게 햇볕과 바람으로 담금질을 해야 비로소 굴비, 마른 오징
어, 대구포, 과메기, 황태 등으로 거듭 태어나게 된다. 사람 역
시 시련과 고초를 겪은 후에야 제대로 쓸모 있는 인간으로 완
성되는 것과 같은 이치다.

　낯선 거리 법성포를 한 바퀴 돌아보다가 갑자기 이런 생각
이 들었다. 조기를 공중에 매다는 것은 자린고비가 하는 짓인
데 이 동네는 쪼잔한 그런 사람들이 많다는 뜻인가. 이런 농담
같은 생각은 바로 의식의 연상작용으로 내가 자란 고향 마을
이 언뜻 머릿속에 그려졌다.

　내 고향은 바닷가와는 한참 먼 내륙이어서 생선이 귀했다.
부자들이나 제사상에 조기 한두 마리를 올렸을 뿐 가난한 이
들은 소금에 쩐 간 갈치와 간고등어도 제대로 먹을 수가 없었

다. 그러니 조기로 굴비를 만든다는 건 꿈 같은 이야기일 뿐이다.

말이 나온 김에 자린고비 이야기나 좀 풀어 놓자. 충주 사람들은 자린고비의 실제 인물은 조륵(1648~1714)이라고 주장한다. 조륵은 반찬값을 줄이기 위해 천장에 굴비 한 마리를 매달아 두고 밥 한 술에 두 번 쳐다보는 아들을 "너무 짜게 먹는구나. 밤에 자다가 물켜겠다"라며 크게 나무랐다고 한다. 그는 제삿날 지방 쓰는 종이가 아까워 기름에 절여 두고 썼으며, 이웃이 갖다 준 새우젓 단지를 밥도둑이라며 내쳤다고 한다.

이천에도 이에 못지않은 자린고비가 살고 있었다. 하루는 된장 단지에 파리가 앉았다가 날아가는 것을 보고 다리에 묻은 된장을 씻어 오려고 물바가지를 들고 따라갔다고 한다. 결국 개울가에서 파리를 놓치고 어정거리다가 빈손으로 돌아오자 동네 사람들은 그곳을 '어정개'라 불렀다.

어느 자린고비의 며느리가 "생선 사려" 하고 외치는 등짐꾼이 오자 한참동안 생선만 주무르다 그냥 돌아와 손 씻은 물로 국을 끓여 시아버지의 밥상에 올렸다. 며느리는 자초지종을 얘기했더니 시아버지 왈 "그걸 물독에 씻었더라면 두고두고 고깃국을 먹었을 텐데, 넌 손이 너무 커" 하고 나무랐다나.

자린고비는 구두쇠로 진화한다. 두 구두쇠가 여름날 부채를 들고 정자나무 그늘에서 만났다. 한 사람은 살 두 개만 펴고 부치는데 다른 이는 부채를 활짝 펼쳐 놓고 고개만 살랑살랑 흔들고 있었다고 한다. 『태평한화골계전』에 나오는 이야기다.

청주와 충주에 사는 두 구두쇠가 살고 있었다. 어느 날 문종이를 빌려주었다가 돌려받았다. 그 종이 뒤에는 어디 붙이려다 떼어 낸 밥풀이 붙어 있었다. 그것을 깜빡 잊은 이가 헐레벌떡 뛰어와서 "밥풀 떼러 왔네"라고 말했지만 이미 그 밥풀은 목구멍으로 넘어가고 난 뒤였다고 한다.

옛날 우리 할머니들은 새로 산 고무신을 머리에 이고 장에 갔다. 저만치 아는 이들이 보이면 고무신을 머리에서 내려 신고 있다가 가고 나면 다시 머리에 이고 길을 걸었다. 물건을 그만큼 아꼈다는 이야기다.

강진에 귀양 온 다산도 아들에게 '근(勤)과 검(儉)'이란 두 글자를 평생 지녀야 할 가보로 물려주었다. "아들아. 벼슬은 했지만 물려줄 밭뙈기는 장만하지 못했다. 정신적인 부적 두 글자를 줄 터이니 너무 야박하다고 하지 말아라. 두 글자는 기름진 땅보다 나은 것이니 일생 동안 써도 닳지 않을 것이다. 부지런함이란 맑은 날에 해야 할 일을 비 오는 날까지 끌지 말고 비 오는 날에 해야 할 일을 맑은 날로 미루지 않는 것이다. 또 검소함이란 한 벌의 옷을 만들 때 앞으로 계속 오래 입을 수 있을지 없을지를 생각해서 만드는 것이다. 그리고 하늘을 속이면 제일 나쁘고 임금과 어버이를 속이거나 농부가 농부를 속이거나 상인이 같은 동업자를 속이는 것은 모두 죄이니라."

법성포 굴비 거리를 돌아다니다가 해변 굴비 가게에서 비싼 참조기는 쳐다보지도 못하고 부세 조기 한 두름을 샀다. 주인은 살까 말까 저울질하는 내게 이렇게 말했다. "중국 배가 잡

으면 중국산이고요, 한국 배가 잡으면 국산입니다. 이것도 맛
있어요."

적과 흑의 블루스

문어는 붉은색을 좋아한다. 투우사에 맞서는 싸움소와 비슷하다. 스페인 투우장의 싸움소들은 주연 투우사인 마타도르가 흔드는 붉은 보자기인 물레타를 향해 돌진한다. 그 보자기 속에는 목을 찔러 심장을 관통하는 검이 감춰져 있지만 소는 강인한 뿔로 투우사를 들이받으면 능히 이길 줄 알고 덤벼든다.

문어도 그렇다. 낚시꾼이 던져둔 붉은색 폴리에틸렌 플라스틱통 안으로 사정없이 기어 들어간다. 옛날에는 붉은색을 칠한 낚시 항아리를 던져 두면 문어들은 그걸 자기 집으로 삼았다. 투우장의 싸움소가 그렇듯 문어도 붉은 유혹이 자신의 죽음인 줄을 모른다. 투우는 색맹이어서 붉은색을 선호할 이유가 없다는 설도 있지만 어쨌든 싸움소와 문어는 적호동족(赤好同族)이다. 그런데 요즘 정치하는 인간들 중에는 빨간색(좌경)과 검은 돈(뇌물)을 동시에 좋아하는 족속들이 많아 바야흐로 '적과 흑의 블루스'가 밤하늘에 메아리치고 있다.

투우의 상식을 위해 잠시 엇길로 가보자. 스페인 바로세로나 투우장의 경우 시작 나팔이 울리면 주연 및 보조 투우사들

157

이 말을 타거나 걷기도 하며 투우장 한 바퀴를 행진한다. 이어 보조 투우사인 불루라델로 2–3명이 카포테란 붉은 천으로 소를 흥분시키고는 퇴장한다. 다시 말을 탄 보조 투우사 파카도르가 등과 목에 창을 찔러 기운을 뺀 다음 반데리예로라는 보조 투우사 두 명이 6개의 작살을 꽂는다. 원한에 사무친 소는 가장 늦게 등장하는 주연 투우사를 향해 전력 질주한다. 간혹 투우사가 소뿔에 찔려 죽기도 하지만 대부분 투우장에서 싸우다가 죽도록 운명 지어진 싸움소는 관중들이 투우사에게 보내는 환호와 갈채 소리를 들으며 쓸쓸히 최후를 맞는다.

엇길에서 돌아왔다. 나는 젊은 한때 바다낚시 중에서도 도다리 낚시에 미친 적이 있었다. 도다리 낚시는 큰 기술이 필요 없는 '무대뽀' 낚시지만 그렇다고 기술이 전혀 없는 것은 아니다. 서너 명이 타는 낚싯배를 타고 동트기 전에 바다 한가운데 정치망을 쳐둔 곳에 도착한다. 목줄을 정치망 고정 밧줄에 묶고 낚시 채비를 내리면 심심찮게 도다리란 놈이 올라온다.

큰 놈 작은 놈 할 것 없이 위계질서를 무시한 채 미끼를 먹으려다 걸려든다. 운 좋은 날은 덩치가 큰 점도다리도 너댓 마리 잡히지만 낚시꾼들이 소원하는 것은 바로 문어다. 문어가 물리면 끌어올리는 힘이 약한 스핀너 릴로는 올릴 수가 없을 정도로 묵직하다. 그럴 때는 낚싯대를 놓고 맨손으로 낚싯줄을 잡고 걷어 올려야 한다. 마치 큼직한 걸레뭉치가 달려오는 느낌이다. 도다리 낚시를 하다 문어 한 마리를 건져 올리면 바로 횡재나 다름없다.

도다리 낚시를 할 땐 올라오는 잔챙이들은 쿨러에 넣지 않고 선장 앞으로 던져 버린다. 선장은 잡힌 도다리가 어느 정도 양이 차면 뭉둑칼로 회를 친다. 도다리의 거무스레한 웃껍질만 벗겨내고 뱃가죽과 '날감지'(지느러미)채로 뭉텅뭉텅 썬다. 이른바 '세코시'라는 뼈째 썬 생선회의 원형인데 그렇게 맛있을 수가 없다. 여태까지 먹어 본 회 중에서 베스트를 뽑으라면 낚싯배 위에서 먹는 뭉텅회가 첫손에 꼽힌다. 코펠에 불룩하도록 썬 횟감 위에 준비해 간 초고추장을 그대로 부어 버리면 미처 나무젓가락을 챙기지 못한 친구는 인도가 고향인 듯 맨손으로 달려든다. 소주는 금방 동이 나 버린다.

낚싯배에서 문어 한 마리를 잡고 나면 더 이상 낚시하기가 싫어진다. 빨리 갯가로 돌아가 불을 피우고 잡은 문어를 구워 먹고 싶어서다. 문어 구이는 별도의 레시피가 필요 없다. 문어 대가리 속의 먹통을 따내고 씻을 필요도 없이 모닥불 속에 던져 두기만 하면 된다. '재는 나랏님도 먹는다'는 말이 있다. 불속에서 굽혀 나온 문어는 타월이나 신문지 등으로 쓰윽 한 번 문지르면서 훑어내면 속살이 나오기도 하고 껍질이 붙어 있기도 하다. 문어는 살이 너무 익어 못 먹는 경우는 거의 없다. 소주를 병째 들고 낚시칼로 다리 하나씩을 잘라 씹어 먹으면 정말 쫀득하면서 고소한 게 표현하기 어려울 정도로 맛이 있다. 안 먹어 본 사람은 이 맛을 모른다.

이왕 문어 얘기가 나왔으니 집에서 문어 삶는 법을 소개할까 한다. 옛날에는 살을 부드럽게 하기 위해 식초와 설탕을 조금씩 넣어 삶아 내는가 하면 지중해 쪽에선 화이트 와인 코르크를 두어 개 넣어 삶기도 했다. 모두 필요 없는 짓이다.

빈 솥이나 빈 냄비를 불에 얹고 약간 달아오를 무렵 소금과 밀가루로 깨끗하게 씻어 낸 문어를 넣고 살색깔이 붉어질 때쯤 불을 끄면 된다. 굽는 것 반, 삶는 것 반의 아주 맞춤한 요리가 된다. 붉은 고장에서 태어난 문어는 붉은색으로 돌아간다. 문어의 수구초심(首丘初心)이다.

전복 구이

진미 음식은 귀하고 맛이 있다. 옛 어른들은 진미 음식을 세 가지로 분류했다. 첫째는 전설 속에 나오는 구할 수 없는 용의 간과 봉의 골수, 표범 탯줄과 기린 육포를 들었다. 둘째는 성성이 입술, 오소리 구이, 코끼리 코, 낙타의 등으로 세상에 있지만 구하기가 그리 쉽지 않은 것이다. 셋째는 남방의 굴, 북방의 곰 발바닥, 서역의 말젖, 동해의 전복이다.

전복은 바다의 보석이다. 중국 송나라의 소동파는 전복을 주제로 한 〈복어행(鰒魚行)〉이란 시를 남겼다. 또 조선 후기 실학자 서유구도 『난호어목지(蘭湖漁牧志)』에서 "동서남해에 두루 전복이 있지만 울산, 동래, 호남, 제주에서 잡히는 전복이 껍데기가 크고 육질이 좋다"라며 최고의 진품이라고 격찬했다.

예부터 전복을 진미 음식으로 여겼다. 찾는 이들은 많았으나 물량은 항상 모자랐다. 요즘 흑산도 근해에서 잡히는 홍어는 전량 서울의 전라도 출신 정치인과 돈 좀 번 기업인들이 중매인들에게 선금을 질러 놓고 가져가는 통에 지방의 미식가들은 칠레산 수입 홍어로 만족해야 한다.

사정이 이렇다 보니 전복을 따는 해녀들은 관리들의 횡포에 시달릴 수밖에 없었다. 19세기 초 이학규라는 문인이 쓴 『낙하생집(洛下生集)』 속에 있는 〈전복 따는 해녀〉라는 시에는 전복 수탈 현장이 생생하게 묘사되어 있다. "관리가 달려와 성화를 하는데/ 신선하고 살찐 전복은 회로 뜬다며/ 급하게 관아 주방으로 가져가고/ 황금빛 나는 전복은 꼬치에 꿰어/ 서울 벼슬아치에게 올려 보내니/ 무더기로 쌓인 굴껍질만/ 해녀의 빈 그릇을 채울 뿐."

흑산도에서 귀양살이한 다산의 친형 정약전은 그가 쓴 『자산어보』에 전복을 이렇게 기술하고 있다. "전복은 맛이 달아서 날로 먹어도 좋고 익혀 먹어도 좋다. 가장 맛있게 먹는 방법은 쪄서 말린 포를 먹는 것"이라고 했다. 그리고 "내장은 익히거나 젓갈을 담아 먹으면 좋은데 봄여름에는 독이 있어 잘못 접촉하면 종기가 나고 배탈을 일으키기도 한다"라고 했다.

나의 음식여행 가방 속에는 버너, 코펠. 칼, 가위, 도마 등 별별 것이 다 들어 있지만 전복의 물때를 씻어 내는 솔도 한자리를 차지하고 있다. 학생들의 운동화를 씻을 때 곧잘 사용하는 빳빳한 플라스틱 솔이다. 이것이 있어야 전복 손질을 쉽게 할 수 있다. 여름 바캉스 시즌으로 접어들면 어시장마다 회거리 생선이 귀해지고 낙지와 소라도 값이 다락같이 오른다. 이럴 땐 전복 전문가게에서 일정과 인원수에 맞춰 적정량을 구입하여 그걸 둘러메고 떠나면 근심 걱정이 사라진다. 섬이나 외진 바닷가의 생선 값은 어시장보다 월등 비싸다는 걸 알아야 한다.

지난해 겨울, 열차를 타고 묵호와 주문진을 거쳐 강릉에서 대구로 내려올 때였다. 강릉에서 대구까지는 여섯 시간 조금 넘게 걸린다. 강릉 중앙시장에서 전복 1킬로그램을 샀다. 진이 나는 전복을 날것으로 먹기가 어려워 삶을 장소를 찾았지만 쉽지 않았다. 할 수 없이 강릉역 변소의 세수간에서 물때 솔질을 끝내고 역사 옆 공터에서 버너를 피워 전복을 삶았다. 화장실을 드나드는 행인들이 쳐다봤지만 도반들과 함께 저지르는 '아름다운 작업'은 너무 재미있었다.

나의 여행 도반들은 대부분 스쿠버 다이버들이다. 물질과 칼질에 익숙한 그들은 여행 마니아들로 언제 어디서나 부끄럼을 타지 않는 성품들이 장점이다. 그래서 시골길을 달리다 정자를 만나면 그곳을 생선회 뜨는 주방으로 이용하고 역이나 버스터미널의 바깥 의자에서 라면을 끓이는 것을 예사로 생각한다. 내 스스로도 여행은 이렇게 해야 진짜 묘미를 느낄 수 있다고 생각하고 있다.

몇 년전 일이다. 동해의 호랑이 꼬리 쪽 바닷가에 전복을 따러 간 적이 있다. 전복이 서식할 만한 '짬(물속 바위섬)'은 그 지역 어촌계 소유였다. 마침 연줄을 타고 들어가 '먹을 만치'만 잡도록 허락을 얻었다. 그날 마침 늦게 도착한 친구가 어물어물하더니 냉장고에 넣어 둔 오전 작업분 전복을 꺼내 줄행랑을 치고 말았다. 작년까지만 해도 눈앞에 전복이 보이면

"또 갖고 도망 가보지"라고 농담을 하곤 했다. 그런데 전복을 갖고 튄 그 친구는 저승 바다에서 전복을 잡는다며 망태도 안 들고 올라가 버렸다.

조개와 고추

의식의 연상작용은 참으로 묘한 것이다. 고추장 이야기를 풀어 놓으려는데 갑자기 조개가 떠오른다. 급기야는 조개가 담긴 고무함지박에 붉고 튼실한 고추 몇 개가 일렁거리니까 맥없이 퍼들어져 있던 조개들이 입을 딱딱 벌리고 있다. 물론 『고금소총』 비슷한 우스개에서 유추된 조개와 고추의 이야기지만 궁극으로 따지면 나의 못된 상상력이 빚어낸 결과임이 분명하다.

　문정희 시인은 〈치마〉라는 시에서 이렇게 노래했다. "치마 속에 확실히 무언가 있다/ 여자들이 감춘 바다가 있을지도 모른다/ 참혹하게 아름다운 갯벌이 있고/ 꿈꾸는 조개들이 살고 있는 바다/ 한 번 들어가면 영원히 죽는 허무한 동굴."

　그러자 시인 임보는 -치마를 읽다가-란 부제를 단 〈팬티〉라는 시에서 이렇게 화답했다. "여자들의 치마 속에 감춰진/ 대리석 기둥의 그 은밀한 신전/ 남자들은 황홀한 밀교의 광신도들처럼/ 그 주변을 맴돌며 한평생 참배의 기회를 엿본다/ 남자들도 성지를 찾아/ 때가 되면 밤마다 깃발을 세우고/ 순교를 꿈꾼다/ 그 깊고도 오묘한 문을 여는/ 신비의 열쇠를 남자들이 지녔다는 것이/ 얼마나 다행스런 일인가!"

그렇구나, 아침에 뜨거운 커피를 마시며 읽은 시편들이 하루 종일 나를 따라다녔네. 고추장을 퍼내 이야기를 만들려는데 이렇게 사정없이 달려들어 조개들이 살고 있는 바다 신전의 문을 여는 열쇠를 넘겨 주는구나.

고추의 원산지는 멕시코다. 콜럼버스에 의해 1493년 스페인으로 전해져 유럽 전역으로 전파되었다. 그동안 조미료로 쓰였던 후추보다 맵고 색깔이 붉어 붉은 후추(red pepper)라고 불렸다. 16세기에 일본으로, 17세기에 중국으로 건너갔으며 우리나라에는 광해군 때 일본에서 도입됐다고 한다.

임진왜란 당시 일본군이 조선 사람들을 독살시키기 위해 매운 고추를 가져왔다는 속설이 전해지고 있다. 또 도요토미 히데요시가 조선을 침략했을 때 조선에 고추씨를 가져와 '고려후추' 또는 '왜겨자'라고 불렸다는 기록도 있다. 그리고 1775년에 나온 일본 사전인 『부쓰루이쇼코』에는 "고추는 조선에서 들여왔다"고 쓰여 있다. 이러쿵저러쿵 여러 이야기들이 떠돌고 있지만 확실한 유입 경로는 아직 밝혀지지 않고 있다.

고추가 어디에서 왔든 간에 그것이 우리의 실생활에 끼친 영향은 실로 크다. 고추가 들어가지 않는 양념이 없으며 장 담글 때는 숯과 함께 붉은 고추가 띄워져야 하고 아들이 태어나면 왼새끼줄에 고추를 끼워 대문에 걸어 두었다. 또 고추는 풋고추 때부터 보리밥의 반찬으로, 막걸리 안주로 애용되다가 완전히 익어 붉은 고추가 되면 마당의 멍석이나 초가지붕 위에서 몸을 말린 다음 김장양념, 실고추, 고추장 재료 등으로 정말 귀하게 쓰이고 있다. 어디 그뿐인가. 고추가 맡은 악역 중에 고춧가루를 푼 물을 코로 집어넣는 고문은 상상하기 힘든 형벌이다.

조선조 임금 중에서 식성이 까탈스러웠던 영조 임금은 고추장이 없으면 수저를 들지 않았다. 1749년 7월 24일의 『승정원일기』에는 "옛날 임금에게 수라상을 올릴 때 반드시 맵고 짠 반찬을 올리는 것을 보았다. 지금 나도 천초(산초)와 같은 매운 것과 고추장을 좋아한다"라고 기록되어 있다.

그래서 영조는 궁 안에 있는 내의원에서 담근 고추장보다 궁 밖의 사부가(士夫家)에서 만든 것을 더 좋아했다. 영조 임금은 자신이 신임하는 영의정을 탄핵했던 전라도 순창이 고향인 사헌부 지평 조중부를 미워하면서도 그의 집에서 갖고 온 고추장을 너무 좋아했다. 그가 죽고 5년이 지난 뒤에도 "그 집 고추장을 먹어 봤으면…"이라고 했을 정도였다. 그러고 보니 순창 고추장의 역사는 꽤 오래된 것 같다. 나도 입맛이 없을 때 전라도 보성에서 사온 전통 보리고추장에 밥을 비벼 먹는다.

요즘 한류 열풍이 거세게 몰아치고 있다. 미국과 구라파를 비롯하여 세계로 번지고 있다. K-Pop이란 음악뿐 아니라 의상과 음식까지도 한류 쓰나미를 일으키고 있다. 최근에는 외국인들이 불고기와 김치를 넘어서 매운 고추장을 즐겨 먹는 이들이 늘어나고 있다. 불원 영조 임금처럼 고추장 없이는 빵과 고기를 못 먹는 파란 눈의 코쟁이들이 생겨날지도 모른다.

그렇게 되면 외국의 산부인과 병원 입구에 붉은 고추가 끼여 있는 왼새끼줄이 걸릴 날도 그리 멀지 않을 것 같다.

차귀도 어랭이 낚시

나는 식성이 좀 까다로운 편이다. 남들이 먹기를 꺼려하는 음식도 잘 먹는 편이지만 입맛에 맞지 않는 음식은 잘 먹지 않는다. 입맛에 맞는 국수는 눈 깜짝할 사이에 한 그릇 뚝딱하지만 맛없는 것은 반 그릇 비우기도 어렵다. 잘 차려놓은 한정식집보다는 이름조차 없는 허름한 식당의 따순 밥과 짭조름한 반찬이 훨씬 맛있다.

입에 맞지 않는 집의 특징은 첫째 장맛이 나쁘거나, 둘째 화학조미료를 많이 쓰거나, 셋째 설탕과 물엿을 남발하여 음식에 단맛이 나는 곳이다. 입맛을 당기게 하는 집은 칼국수 집일 경우 간장양념 속의 파, 마늘, 풋고추 등을 듬뿍 썰어 넣어 항상 신선하고, 파전과 부추전을 구워 낼 때도 간장양념과 초고추장을 동시에 낼 줄 아는 집이다. 돼지수육을 내면서 맛있는 새우젓은 빠뜨리고 "김치에 싸서 된장에 찍어 잡숴요"를 고집하는 그런 집을 나는 혐오한다.

생선회도 까다롭게 굴어야 맛있는 것을 얻어먹을 수 있다. 요즘 이름난 어시장엘 가도 80-90퍼센트가 양식 생선이거나

169

수입산이다. 자연산 생선은 눈 닦고 찾아도 없을 만큼 귀하고 귀하다. 물론 자연산이면 어종을 불문하고 비싸다. 헐값으로 자연산 생선을 먹겠다면 그건 애시당초 말이 되지 않는다.

인터넷에 떠돌아다니는 생선회에 관한 이야기를 읽어 보면 참 재미있다. 횟집에는 비오는 날 찾아가면 근사한 손님 대접을 받는다. 생선회에 레몬액을 첨가할 필요가 없다. 양식이나 자연산이나 양분에는 큰 차이가 없다. 생선회 전문가라도 눈 감고 먹을 경우 양식과 자연산을 구별해 내지 못한다는 것 등이다. 맞는 말이기도 하고 틀린 말이기도 하다.

생선회만을 몇 십 년 동안 다뤄 온 진짜 전문가들은 '양식과 자연산은 확연히 구분된다'고 말한다. "자연산은 씹을 때 뒷맛에 단맛이 받치고 해초처럼 바닷내와 같은 향이 난다. 이걸 감칠맛이라 표현할 수도 있고 아주 담백한 맛이라고 말할 수 있다. 그러나 양식은 약간 떫은맛이 나고 바다가 주는 묘한 향은 느낄 수 없다." 전문가들은 "이름난 어시장에 갈 경우 굳이 자연산만을 고집하지 말고 양식이라도 커다란 놈을 구입하면 그런대로 만족할 만한 맛을 느낄 수 있다"라고 말한다.

'물건을 모르면 돈을 많이 주라'는 말이 있다. 맞는 말이다. 이 말은 어시장에서 생선횟감을 구입할 때도 그대로 적용되는 말이기도 하다. 그리고 또 하나. '아는 만큼 보인다'는 말을 상기할 필요가 있다. 장사꾼들의 얼렁뚱땅 거짓말은 천당 가고 못 가는 요건에는 전혀 적용되지 않는다. 장사꾼들의 말을 곧

이곧대로 믿었다간 판판이 실수하게 된다는 걸 알아야 한다. 그들의 거짓말은 오래된 농담일 뿐 죄가 되지 않는다. 공부와 경험을 통해 스스로가 배우고 느끼고 알아야 한다.

여행을 자주 하다 보면 어시장마다 단골이 생기게 마련이다. 그 단골이 나에게 만은 바른 말을 해 줄 수 있도록 도타운 정을 쌓아 두는 것도 매우 중요하다. 나와 함께 다니는 여행도반들은 그날의 어시장 정보를 전화 한 통으로 해결한다. "뭐 좋은 것 있습니까." "아무것도 없어요, 아예 오지 마세요." 헛걸음하지 않는 것이 고수들의 처신 방법이다.

어시장에서 우리가 찾는 횟감거리가 없다고 포기하면 안 된다. 그때는 몸을 낮추고 밑으로 기는 방법도 있다. 다행히 제주 같은 곳에서 하루 정도의 말미가 주어진다면 대낚시 하나를 빌려 방파제에서 용치놀래기, 황놀래기, 어랭놀래기 등 이른바 어랭이 낚시를 하면 한두 시간 만에 서너 사람이 술안주를 할 충분한 양을 잡을 수 있다.

제주도 차귀도에서는 낚싯배 하나를 빌려 낚시를 하면 실컷 먹고도 남을 정도의 어랭이를 잡을 수 있다. 몇 년 전인가 기억이 가물가물하다. 차귀도에서 낚싯배로 낚시를 하여 어랭이와 독가시치 그리고 말쥐치 새끼들을 한 냄비쯤 잡아 세꼬시 회로 먹다가 그것도 물려 어랭이 튀김을 해 포식한 적이 있다.

이것도 저것도 할 수 없고 아예 그럴 능력이 없다면 여행지로 떠나기 전에 맛집 정보를 미리 알고 가는 게 가장 유익하다. 어랭이 물회는 제주시내 용두암을 지나 용담1동 용천탕

옆 영희식당이 가장 유명하다.

된장을 풀어 말아 준 어랭이 물회 한 그릇 먹고 나면 배가 불뚝 일어난다. 먹고 나서는 시간대 별로 남녀가 함께 이용하는 용천탕에 풍덩! 하고 들어가면 제주가 온통 내 것이다.

찰리 채플린 생선

병어는 희화적으로 생겼다. 동그란 모습이 배불뚝이 찰리 채플린을 닮았다. 채플린의 무성영화를 보면 어느 것 하나 웃음을 자아내지 않는 것이 없을 정도로 재미있다. 병어도 그렇다. 머리에서 꼬리까지 별로 버릴 것이 없는 데다 부위별로 모두가 재미있게 맛이 있다. 뼈째로 회를 쳐도, 된장을 발라 구워도, 갖은 양념을 하여 조림을 해도 맛이 있다. 나는 병어에 반한 지가 꽤 오래 되었지만 아직 그걸 실컷 먹어 보진 못했다.

평생 소금으로 칫솔질을 한 탓인지 비교적 이빨이 튼튼한 편이다. 아직도 찐쌀과 말린 누룽지, 마른 오징어 등을 즐겨 먹는다. 소고기도 등심이나 안심보다는 등심에 누렇게 붙어 있는 떡심과 울대뼈, 오도록뼈를 좋아한다. 생선도 대가리를, 김치와 나물도 잎보다는 줄기를 선호하고 모든 면에서 부드러운 것보다는 억센 것을 즐긴다. 병어는 사각사각 뼈가 씹히는 맛이 일품이다. 그래서 더 좋아한다.

동해안 지역의 향토음식인 물회를 먹을 땐 식은 밥 한 술을 말아 먹으면 맛이 그만이다. 그러나 병어는 갓 지은 따끈한 쌀

밥 한 술에 된장에 찍은 병어회를 얹어 먹으면 그 궁합은 기가 막힌다. 음양의 조화가 바로 이런 것이다. 입안에서 따뜻한 밥과 차가운 회가 만난 조화로운 맛의 화음은 천상의 진미라 해도 과하지 않다. 헨델의 〈메시아〉를 화음이 너무 잘 어울리는 합창으로 듣는 것과 같다.

가을 전어 굽는 냄새가 집 나간 며느리를 불러들인다고 호들갑을 떨고 있지만 그건 하수들에게 드리는 위로의 수사에 불과하다. 된장을 얇게 바른 병어를 석쇠 참숯불로 구우면 바싹하게 익은 껍질과 살점은 별로 씹을 것도 없이 입안에서 사르르 녹는다. 그 맛은 며느리뿐 아니라 돌아가신 시어머니까지 모두 집으로 불러들인다. 참숯이 없으면 연탄불이면 어떠랴.

말이 나온 김에 한 가지만 더 보태자. 찌면 포슬포슬해 지는 감자도 병어와 궁합이 맞는 식재료다. 일반적인 생선조림에는 무를 밑바닥에 깔지만 병어만큼은 감자를 요처럼 깔아야 한다. 6월에 햇감자가 나오기 시작하면 병어도 산란하기 위해 깊은 바다에서 모래가 많은 임자, 자은, 비금, 도초, 우이도 등 얕은 바다로 몰려온다. 그러니까 감자와 병어가 한꺼번에 철이 겹치니까 박자가 척척 맞아들어 가기 마련이다.

대파의 흰 부분을 쑹덩쑹덩 썰고 다진 마늘과 붉고 푸른 풋고추와 매운 고춧가루를 듬뿍 친 병어조림은 혼절할 정도로 맛이 있다. 병어 맛이 밴 감자는 덤으로 얻어지는 은혜로운 축복이다. 전라도 토박이들이 여름 보양식으로 민어탕을 끓일 때처럼 무를 넣고 천일염만으로 간을 맞춘 병어국도 담백하고 시원하다. 지금까지 한 말은 거짓말 한 톨 섞이지 않은 참말이다.

이번 서해 쪽 '민어 여행'의 부록으로 병어를 끼워 넣었다. 떠나기 전부터 어느 요리책에서 읽은 병어 요리를 퓨전 방식으로 해보고 싶었다. 요리책의 레시피에 따르면 병어의 비늘과 내장을 제거한 후 칼집을 넣고 양념간을 한다. 토마토 소스를 듬뿍 뿌려 은박지에 싸서 오븐에 구워 내면 소스의 오묘한 맛이 병어의 살에 배어 달착지근하면서도 무어라 꼭 집어 설명할 수 없는 기가 막히는 요리가 된다고 씌어 있었다.

신안군 지도의 송도어판장에서 민어 한 마리를 살 때 일만 팔천 원짜리 병어 한 마리도 함께 샀다. 나와 도반들은 서남해 일대의 볼 만한 곳을 하루 종일 둘러보고 늦은 시각에 여수 종화동의 오동도 펜션에 도착했다. 여름 피서객들이 철수한 뒤여서 방 두 개가 달린 운동장만한 공간을 팔만 원에 흥정한 것도 행운이었다.

병어 내장과 지느러미를 자르고 여행 가방 속에 들어 있는 프라이팬에 올리니 맞춤양복처럼 사이즈가 딱 맞았다. 국간장에 마늘, 풋고추, 재피까지 넣고 매운 고춧가루를 뿌린 다음 토마토 케첩을 듬뿍 뿌려 뚜껑을 닫았다.

밥이 되기 전에 반주 안주로 병어 요리를 내놨더니 아뿔싸 그건 토마토 소스가 아니라 초고추장이 범벅이 되어 있었다. 도반들은 내가 무슨 양념을 넣었는지도 모른 채 "맛있네, 정말 맛있다"를 연발하면서 금세 비워 내고 말았다. 병어 요리가 처음이어서 자신이 별로 없었지만 도반들이 워낙 잘 먹어 주니까 힘이 났다. 내년 '민어 여행' 땐 찰리 채플린을 닮은 병어를 지지고 볶고 회로 쳐 배불뚝이가 되도록 먹어 볼 작정이다.

야생 굴 한 사발

굴은 최음제(aphrodisiac) 성분이 강한 스태미너식이다. 굴이 정력에 좋은 이유는 바로 아연 때문이다. 아연은 남성 호르몬의 분비와 정자 생성을 촉진시키는 영양소로 셀레늄과 함께 '성미네랄'이라 불리기도 한다. 이탈리아의 성웅(性雄) 카사노바는 매일 아침 굴을 50개씩 먹었다고 하며 돈 후앙도 굴을 즐겨 먹었다고 전해지고 있다.

굴을 비롯하여 조개나 생선까지도 겨울이 제철이다. 여름철엔 조개들의 살이 무른데다 기온이 높아 변질될 위험이 높다. 1599년 버틀러가 쓴 『식사 지침서(*Diets Dry Dinner*)』에는 "R자가 들어가지 않는 달인 5월(may) 6월(june) 7월(july) 8월(august)에는 굴을 먹지 말라"고 씌어져 있다.

이 시기에 굴 성분 중에 유독물질이 확인되었거나 이를 입증할 과학적 근거는 없다. 그러나 여름철은 조개들의 산란기로 암수 모두가 방란 방정으로 인해 몸이 허약해져 있는 상태여서 맛도 다소 떨어진다. 게다가 이 시기는 수온이 올라 조개가 상하기 쉽고 따라서 비브리오균의 창궐로 식중독을 일으킬

우려가 높다. 일본에서도 예부터 "벚꽃이 피면 굴을 먹지 말라"는 말이 전해 내려오는 것만 봐도 여름 조개의 독성을 무시해선 안 된다.

지구 면적의 70퍼센트를 차지하고 있는 바닷속에는 엄청난 종류의 조개가 살고 있다. 눈곱처럼 작은 것도 있고 사람의 다리를 물고 늘어지면 죽을 때까지 입을 열지 않는 대형 살인조개도 있다. 먹을 수 있는 조개가 대다수지만 먹을 수 없는 것도 있다. 우리가 알고 있는 조개류는 전복을 필두로 키조개, 피조개, 굴, 꼬막, 홍합, 바지락, 새조개, 모시조개 등 불과 몇 가지뿐이다. 우리가 흔히 "무얼 좀 안다"라고 말하는 것 자체가 오만이 빚은 편견임을 알아야 한다.

나는 조개 중에서 갯가 사람들이 석화(石花)라고 부르는 야생 굴을 좋아한다. 석화 중에서도 껍질째 숯불에 올려 구워 먹는 사이즈가 조금 큰 것보다 어리굴젓을 담그는 낱알이 작은 것을 더 좋아한다. 그렇다고 큰 것을 먹지 않는다는 말은 결코 아니다.

바닷가 어시장 난전에서 한 그릇에 일만오천 원쯤 하는 석화를 참기름을 듬뿍 넣은 갖은 양념으로 버무려 놓으면 다른 안주가 필요 없다. 한 잔 술에 석화 반 숟갈씩만 먹어도 소주 몇 병은 금세 날아간다.

꽤 오래전 일이다. 충남 서산 쪽으로 친구들과 꿩사냥을 갔다가 석화를 손질하는 동네 아낙들을 만나 난생처음으로 죽어도 잊지 못할 그 맛을 보았다. 맘에 드는 식당을 만나지 못해 아침밥도 굶은 채 바닷가 풀밭을 한 바퀴 돌아오는데 "석화 맛 좀 보세요" 하고 한 아낙이 말을 걸어 왔다. 밥뚜껑에 담아 주는 석화 맛은 그야말로 예사 맛이 아니었다. "밥에 비벼 먹으면 좋겠는데"라고 혼잣말을 했더니 "아침 먹고 남은 밥 좀 드릴까요" 한다. 그날 먹었던 '식은 밥 석화 비빔'은 얼마나 맛이 있던지 다시 한 번 맛보기를 소원하고 있지만 기회는 좀처럼 오지 않고 있다.

또 한 번은 위도에서 겪었던 일이다. 친구 몇과 격포에서 배를 타고 위도로 들어가 트레킹 형식으로 섬 한 바퀴를 돌았다. 선착장에서 그리 멀지 않은 '해넘이'란 민박집에 방을 정했다. 저녁을 먹기는 이른 시각이어서 바닷가를 어정거리다 썰물로 드러난 갯바닥에서 바지락을 비롯하여 온갖 조개를 잡고 있는 아낙들을 만났다. 돈 만 원어치의 갯것들을 사고 보니 우리도 능히 잡을 수 있겠다는 생각이 들었다.

"여기 것은 기름내가 나서 못 먹어요." 엎드려 작업을 한참 하고 있는데 아낙이 한마디하고 지나간다. 눈으로 보니 갯바닥이 깨끗한 데다 몇 마리 잡은 걸 버리자니 아까워 그걸 갖고 그냥 돌아왔다. 그게 화근이었다.

조개를 잡아 직접 삶았는데 먹으면 탈나는 것이 하필 내 손에 쥐어질 줄이야. 먹다가 뱉어 버렸으면 아무 일이 없었을 텐데, 그날 밤 나는 화장실 변기를 끌어안고 밤새도록 씨름을 해야 했다.

나는 요즘도 서산 태안 쪽으로 갈 기회가 있으면 반드시 재

래시장에 들린다. 주목적이 정말 맛있는 석화 한 사발을 사기
위해서다. 내가 석화를 좋아하는 까닭은 카사노바의 쾌락이
목적이 아니라 순전히 혀끝에 달린 입맛 때문이다.

울릉도 돌김

그동안 울릉도엘 열 번쯤 다녀왔다. 대학 산악부에 들어가 성 인봉을 오른다며 화물선을 타거나 운 좋게 해군 함정을 얻어 타고 그 섬에 들어가기도 했다. 그 후로는 동해호, 청룡호, 한 일호, 선플라워호 등 새로 나온 신식 여객선을 타고 들락거렸 다. 그때는 여덟 시간 내지 열 시간씩 걸렸지만 요즘은 세 시 간 정도로 앞당겨졌다.

독도만 해도 그렇다. 옛날에는 독도에 들어가기가 그렇게 어려웠다. 독도를 목표로 계획을 세웠어도 당국의 허가가 나 지 않는가 하면 때론 풍랑이 심해 엄두조차 내지 못하고 돌아 서는 경우가 허다했다. 지금은 울릉도에 내려 승선권만 구하 면 당일 독도 왕복이 가능해졌다. 여태까지 딱 한 번 독도에 갔다가 삼십 분 머물고 돌아선 경험밖에 없다. 파도가 철석대 는 바닷가에 앉아 돋아 오는 달과 마주 앉아 술 한잔 기울이는 것이 소원이지만 아직 그 꿈은 이뤄지지 않았다.

삼십 년 전쯤이다. 독도 상공에 일본 요미우리 방송국의 비 행기가 날아오고 일본 배들이 인근 해역에서 순시를 하는 등

심상찮은 조짐을 보이고 있었다. 그러자 우리의 아마추어 햄 (HAM)들이 독도에 들어가 '독도는 대한민국의 땅입니다'란 무전을 세계 각국에 날리고 있었다. 내가 근무하던 신문사에서도 독도에 취재기자를 보내기로 했다. 겁 없이 산과 들로 잘 뛰어다닌다고 그랬는지 몰라도 '독도에 다녀오라'는 취재지시가 떨어졌다.

때는 동해에 풍랑이 가장 센 한겨울이었다. 가는 날이 장날이라고 출항하는 날이 태풍경보가 발령되기 바로 전날이었다. 청룡호를 타고 열 시간 동안 롤링과 피칭에 시달렸다. 출발 직전 포항 선창가에서 먹은 시래기 해장국을 몽땅 토해 내고 말았다. 도동항에 내렸어도 땅은 여전히 울렁거렸고 다리가 후들거려 걸음을 제대로 걸을 수가 없었다.

도동항에서 가까운 동백여관을 숙소로 잡았다. 독도에 들어갈 수 있는 배편을 수소문해 봤으나 모든 배들은 내항 깊숙한 곳에 목줄을 매고 태풍이 멎기를 기다리고 있었다. 독도에 들어간다는 것은 꿈조차 꿀 수 없는 상황이었다. 그렇지만 비슷하게라도 해내야 하는 것이 기자의 생리다. 눈이 와 있는 겨울 독도 사진만 구하면 "독도에 다녀왔다" 해도 누가 알 것인가. 눈 사진 한 장 구하기 위해 도동의 사진관을 모조리 뒤지고 다녔다. 그러나 허사였다. 다음 날 울릉군 공보실에서 전경들이 칼빈 소총을 겨누고 있는 눈이 하얗게 내린 독도 사진 석 장을 어렵게 구해 주었다.

사진을 구한 다음 바로 취재에 들어갔다. 옛날 홍순칠 독도의용수비대장과 함께 독도를 사수했던 대원 한 사람을 만나 당시의 상황을 소상하게 전해 들었다. 그런 다음 울릉군이 보유하고 있는 자료를 통해 독도의 사계절과 동식물 분포 상황 등을 종합하여 박스 기사 3회분을 써놓고 보니 할 일이 없어졌다. 태풍은 좀처럼 수그러들 기미를 보이지 않는 가운데 사흘째부터 폭설이 퍼붓기 시작했다. 울릉도의 눈은 육지에서는 보기 드문 엄청난 것이었다.

울릉도 사람들은 1미터 이상 눈이 쌓이자 눈 치우는 일을 포기하고 눈을 다져 새로운 길을 만들었다. 눈 위에 연탄재를 뿌려 미끄럼을 방지했고 길 아래 집들은 눈으로 계단을 만들어 오르내렸다. 눈 속에 뚫려 있는 구멍들은 굴뚝이었고 그 구멍 사이로 연기가 피어올랐다.

눈이 그친 나흘째 되는 날 저동에 살고 있는 산 친구를 찾아 나섰다. 아이젠도 없이 도동에서 저동으로 넘어가는 고갯길을 넘자니 그게 바로 눈길 산행이었다. 문어 반피대기 조림을 안주로 오후 내내 막걸리를 마셨다. 친구는 "눈길이 위태로우니 자고 가라"며 말렸으나 언덕바지에 있는 화장장을 돌아 도동으로 돌아오니 밤 10시가 넘었다. 눈빛은 어둠을 밝히는 강렬한 빛이었다. 달도 뜨지 않은 밤길이었지만 하나도 무섭지 않았다.

울릉도에 들어간 지 열하루 만에 청룡호 편으로 육지로 돌아오니 세상이 온통 낯설어 보였다. 마른 오징어와 돌김 한 축을 기념으로 샀다. 그 돌김은 여태까지 먹어 본 김 중에서 단연 최고여서 지금도 그 맛을 잊지 못하고 있다.

신문사로 돌아오니 아무도 "독도에 가 봤느냐"고 묻지 않았다. 나도 말하지 않았다. '기자는 기사(記事)로 말한다'는 사실을 그때 처음 알았다.

생일 없는 시인

미역국하면 출산과 생일로 바로 연결된다. 애기 낳고 미역국
안 먹는 여인이 없고 생일상에 미역국이 오르지 않는 법이 없
다. 내 고향 금호강의 중림공굴 다리 밑에 살았던 거지 내외도
애기를 낳으면 깡통 속에 모아 두었던 동냥 돈으로 미역 한 오
리를 사서 산모에게 끓여 먹인다는 소문을 들은 적이 있다.

미역은 피를 맑게 하면서 지속적인 조혈작용으로 산모의 부
기를 제거한다. 칼륨과 요오드 성분이 신진대사를 활발하게
하여 모유를 잘 나오게 한다. 미역이 이렇게 좋은데도 서양 사
람들은 다섯 쌍둥이를 낳고도 미역국을 끓여 먹었다는 기록을
보지 못했다.

우리 민족은 언제부터 미역을 먹었을까. "고래가 새끼를 낳
고 상처를 치유하기 위해 미역을 먹는 것을 보고 배운 것 같
다"고 『초학기』란 책에 쓰여 있다. 『조선여속고』에도 "산모의
방 남서쪽에 쌀밥과 미역국 세 그릇으로 삼신상을 차렸는데
이 밥과 국은 산모가 먹었다"고 기록되어 있는 걸로 미뤄 보면
미역의 역사는 꽤나 오래된 것 같다.

나는 미역을 좋아한다. 젊은 시절 강이나 바다에서 투망질을 하거나 낚시를 할 때 현장에서 밥을 지을 경우 술안주 겸 반찬으로 미역무침을 직접 만들었다. 미역을 풀고 마른 명태를 찢어 고추장과 고춧가루로 양념을 한 후 다진 마늘과 깨소금을 뿌리면 다른 반찬이 없어도 거뜬하게 한 끼를 때울 수 있었다.

요즘도 섬이나 갯마을 여행 중에 미역 건조장을 만나면 그냥 지나치지 못한다. 그런데 문제는 인근에 양식재배를 하는 지역에선 자연산 미역은 찾을 수가 없고 여행객들의 내왕이 빈번한 항구의 건어물 가게에서도 질 좋은 미역은 구할 수가 없다.

포장지에 '무슨 특산 돌미역'이라고 쓴 글귀를 믿었다간 백전백패를 각오해야 한다. 이름난 섬과 항구는 어디든 마찬가지다. 그래서 우리 집에는 미역국을 끓이면 '풀떼죽'처럼 풀어지는 특산 돌미역이 구석구석에 숨어 있다. 나는 "다시는 미역을 사오지 않겠다"라고 맹세하지만 만날 타박을 당하면서도 그게 잘 안 된다.

"원죄가 따로 없구나/ 못난 놈 낳으시고/ 어머니께서 드신 미역 값은 하는지/ 나만 믿고 졸졸 따르는 병아리 같은 자식놈들께 자신 없고/ 당신 없으면 못 산다는 속고 사는 아내에게,/ 모두에게 죄 짓고 사니/ 생일날 아침엔 왠지 쑥스럽고 미안하다/ 입 속에 씹히는 미역 한 줄기에도 쑥스럽고/ 출근길 밟히는 잡풀 하나에도 미안하다."(구광렬의 시 〈생일날 아침〉)

최근 비진도엘 갔다가 겉으로 보면 볼품은 없어도 맛은 그럴듯한 자연산 미역 한 웅큼을 단돈 일만 원에 샀다. 내 인생에서 미역에 관한 한 최초의 성공 기록인 셈이다. 아내와 나는 전문 트레킹팀을 따라 비진도로 들어가 외항마을 산호길을 돌아 내항마을 선착장으로 돌아오니 배를 타기까지 한 시간 반이란 여유가 생겼다.

이날 바다에는 풍랑이 치고 해변에는 모래바람이 불어 몸을 숨길 곳이 없었다. 우린 내항마을에서 단 하나뿐인 구멍가게에 들어가 라면박스로 술상을 차리고 오징어땅콩이란 과자를 안주로 막걸리를 마셨다. 워낙 먹을 게 없어 주인(박장명·67)에게 "어르신께서 잡수시던 김치라도 안주하게 좀 주세요" 했더니 엄청 짜게 담근 김장김치 한 보시기를 내주셨다. 나는 김치를 건네주면서 부끄러워하던 주인의 마음씨가 너무 고마웠다.

마침 큰 비닐 보자기 속에 상품 가치가 없어 보이는 묵은 미역이 있길래 "이것도 파는 겁니까" 하고 물어보았다. "팔다 남은 건데 아무도 사가는 사람이 없어요"란 대답이 돌아왔다. 사실 미역의 때깔은 말이 아니었다. 원래 미역의 색깔은 검어야 하는데 이건 숫제 붉고 희고 총천연색이었다. 그래도 내가 우겨 그냥 돈 만 원을 드린다고 생각하고 아내에게 그걸 사도록 했다.

이곳 내항마을 사람들은 모두들 너무 순박해 보였다. 해풍 맞은 시금치를 팔던 할머니는 "나는 저울 눈금을 잘 볼 줄 몰

187

러, 알아서 달아 봐" 하며 앉은뱅이저울을 사는 이들에게 내맡기는 그런 곳이다.

귀가한 다음 날 아침 미역의 안부가 궁금했다. 미역을 맑은 간장에 찍어 먹을 요량으로 물에 불렸더니 일급 자연산 미역으로 변모하는 것이었다. 다음 날은 오랜만에 미역국을 끓여 보니 풀어지기는커녕 빳빳한 원래의 모습이 흐트러지지 않았다. 대성공이었다. 풍랑이 불 때 바닷속에서 밀려나온 미역들이 갯가 바위에 붙었다가 이곳 비진도 아낙들에게 수거된 진짜 자연산이었다.

비진도 미역국을 먹다가 음력 설날 태어나 한 번도 미역국 생일상을 받아 본 적이 없는 불우하게 살다 이승을 뜬 천상병 시인의 〈생일 없는 놈〉이란 시가 생각났다. 천국으로 가는 택배가 있으면 비진도 미역 몇 오리와 막걸리 몇 병을 시인의 부인 목순옥 여사 앞으로 보내고 싶다.

김광석 간재미

비오는 서해 바닷가에 서 있다. 포구의 어선들이 이웃 배와 서로 목을 끌어안고 하늘에서 불어 주는 색소폰 박자에 맞춰 블루스를 추듯 흔들리고 있다. 갈매기도 비 맞지 않으려고 피신했는지 한 마리도 보이지 않는다. 하늘은 묵직하게 내려앉아 고요를 더욱 적막하게 한다. 갑자기 슬퍼진다.

머드팩을 하고 누워 있는 여인의 얼굴 같은 우중충한 갯벌 너머로 바다가 울고 있다. 갑자기 대구 방천시장 출신인 우수의 가수 김광석의 〈흐린 가을 하늘에 편지를 써〉란 노래가 귓바퀴를 돌아 나간다. "비가 내리면 나를 둘러싸는 시간의 숨결 떨쳐질까. 비가 내리면 내가 간직하는 서글픈 상념이 잊혀질까. 잊혀져 간 꿈들을 다시 만나고 파. 흐린 가을 하늘에 편지를 써."

나는 곧잘 낯선 경치, 그것도 비오는 서해 바다 같은 축축하게 젖은 풍경을 만나면 그에 걸맞은 노래가 흥얼거려지는 것이 오랜 습관이다. 정태춘이 부른 〈서해에서〉를 제쳐 두고 오늘은 왜 비오는 하늘과 바다에 편지를 쓰고 싶은 것일까. 만

189

서른둘의 나이로 요절한 비운의 가수 얼굴이 우울하게 텅 빈 하늘에 걸려 비를 맞고 있다.

서해 쪽에 폭우가 쏟아질 거라는 일기예보를 농담주머니에 집어넣고 아침 일곱 시에 집을 나섰다. 사실 맑은 날 여행을 선호하는 게 일반적인 관례지만 우린 일정을 잡아 놓으면 그 날이 비가 오든 눈이 오든 개의치 않는다. 오히려 궂은 날 문밖을 나서면 길도 넓고 방값도 싸고 식재료까지 싼값에 구입할 수 있다. 그래서 우린 아침부터 신이 난다.

고속도로 휴게소 파고라에서 갖고 온 찰밥으로 아침을 때우고 당진을 지나 석문방조제 끝에 있는 장고항에 도착하니 에누리 없는 점심시간이다. 화창한 날씨였으면 이곳의 명물 포장횟집들이 활짝 문을 열었을 테지만 '고기 잡는 집' 딱 한 가게만 회 썰고 찌개 끓이고 두서없이 바쁘다. 삼십 명 예약 팀 옆에 우린 새치기로 끼어들었다.

이곳 장고항은 간재미회로 이름난 포구다. 옛날에는 석문방조제 초입의 성구미 포구가 간재미로 성시를 이뤘는데 제철소가 들어오면서 명성을 빼앗겨 버렸다. 우리는 간재미 두 마리를 이만 오천 원에 흥정하여 우선 요기부터 하기로 했다. 빗속에서 썰어 준 간재미 회무침은 물렁뼈가 씹히면서 쫄깃쫄깃한 게 꽤 먹을 만했다.

원래 간재미는 겨울 음식이다. 눈 오는 겨울, 정말 '징허게' 추운 날, 갓 잡은 싱싱한 놈의 껍질을 벗겨내고 막걸리로 주물러 회무침을 하거나 어섯하게 썬 살점을 된장이나 초고추장에 찍어 먹으면 맛은 일품이다. 음식맛을 좀 아는 토박이들은 꾸덕꾸덕 말린 반피뎅이 간재미를 숯불에 구워 먹거나 토막을 쳐 신김치와 함께 푹 끓여 먹으면 얼큰하면서 시원해 해장국으로도 그만이다.

'갱개미'로도 불리는 간재미는 서해안 전역에 서식하는 심해성 어종이지만 특히 태안반도 인근에서 많이 잡힌다. 옛날에는 주낙으로 잡았지만 날이 갈수록 숫자가 줄어들고 있다. 요즘은 낚시로 잡기도 하나 그물에 끌려 나오는 고기들 중에서 상품이 될 만한 것들만 골라 어시장으로 보낸다.

간재미는 암수 모두가 음탕한 편이다. 수컷은 꼬리 양쪽에 두 가닥의 성기 받침이 튀어나와 있다. 교미를 할 땐 성기를 말아올려 좀처럼 뺄 수 없도록 장치를 하고 암컷 역시 결합이 분해되지 않도록 결사항전을 벌인다고 한다. 그래서 낚시에 끌려올 땐 쾌락을 포기하지 못한 암수 두 마리가 동시에 매달려 오는 부부애인지 불륜의 본때인지 좌우지간 짝짓기 시범을 보이기도 한다.

수컷보다는 암컷이 훨씬 부드럽고 맛이 좋다. 서해 쪽 간재미가 많이 잡히는 포구에 가서 요리를 주문할 땐 암컷으로 잡아 달라고 미리 부탁하는 게 지혜다. 그러나 6월이 지나 암컷 몸속에 알이 차기 시작하면 살이 뻣뻣하고 육질이 나빠져 맛이 한결 떨어진다. 그래서 사람들은 눈 올 때 먹는 겨울 간재미를 최고로 친다.

올겨울에는 눈 내리는 날 장고항에 가봤으면 싶다. 그날도

"매일 이별하며 살고 있구나"란 〈서른 즈음에〉란 노래를 음유 시인처럼 읊조리다 하늘나라로 가버린 김광석의 얼굴이 회색 하늘에 걸려 눈을 맞고 있을까. 매일 이별하며 살고 있는 나도 광석이 덕에 간재미회라도 좀 먹었으면 싶고.

연화도서 쫓겨난 이야기

어느 시인은 '사랑은 저지르는 자의 몫'이라 했다. 그렇다. 저지르지 않고 어떻게 획득하고 쟁취할 수 있겠는가. 저지르는 모든 행위를 '저지레'라 한다. 저지레는 어린 시절 영육간의 성장과 발육을 도와주는 에너지이며 정서적으로 볼 땐 추억을 만드는 재료이다. 삶이란 소쿠리에는 저지레란 아름다운 기억들이 추억으로 승화되어 많이 담겨 있을수록 좋은 것이다. 그래서 추억이 많은 사람은 '인생을 제대로 살았다'고 말할 수 있다.

"야 이노므 자슥아, 저지레 좀 작작 해라." 어릴 적 어머니의 입버릇이었다. 그러나 한 번도 그 말씀을 귀에 새겨 두지 않았다. 초등학교 시절엔 고샅길 돌담 위의 호박순을 막대기로 치고 다니다가 이장 어른에게 들켜 혼이 난 적이 있다. 그 후에는 고무줄 새총으로 전깃줄에 앉아 있는 제비를 잡았으며 좀 더 커서는 골목에 어정대는 약병아리를 잡아 강둑에서 닭죽을 끓여 먹기도 했다.

이 좁은 지면에 어떻게 나의 저지레 행태를 모두 나열할 수 있겠는가. 중학생이 되어선 주일예배를 보는 교회의 지붕에 올라가 장난을 치다 미끄러져 물받이를 깨고 땅에 떨어지기도 했다. 그런 것들은 그래도 약과다. 하학길에 달려오는 미군 지프에 내 오른쪽 다리를 내주어 '대퇴부 골절, 삼 개월 입원'이란 선고는 저지레의 절정이자 내 인생을 개판으로 만든 대사건이었다.

나는 어릴 적부터 '대충'과 '후딱'이 장기였다. 그래서 목사님의 긴 설교와 "애 또 마지막으로"라고 말하고도 끝나지 않는 교장선생님의 훈시를 좋아하지 않는다. 신랑 신부에게 조차 도움 되지 않는 주례사는 아예 듣지 않는다. 나는 융통성 없는 숙맥 같은 사람 옆에 서 있기만 해도 가슴이 답답하고 두드러기가 날 정도이다. 그래서 젊은 한 시절을 저지레 박사들과 어울려 산천을 헤매고 다닌 적이 있다.

십수 년전에 산 친구 여덟 명과 연화도에 갔던 이야기를 해야겠다. 마침 바닷가 민박집은 인심과 음식이 괜찮았다. 아침 저녁으로 산책 삼아 연화사를 거쳐 연화봉에 오르면 섬 동쪽의 기암괴석으로 뻗어 있는 능선이 볼 만했다. 연화봉에 오르는 것만으로도 섬에 온 본전은 건진 셈인데 갯가를 거닐면서 게와 조개를 잡는 재미는 정말 쏠쏠했다.

도착한 날 저녁. 반주에 취한 도반 하나가 술병을 들고 나가더니 다음 날 아침까지 종종 무소식이었다. 해가 중천에 오른 뒤에 나타난 친구의 외박 변명은 이랬다. "술이 너무 취해 물 한 잔 얻어 마시러 절 밑 외딴집에 들어갔더니 주인 할머니가 베개를 던져 주며 자고 가라고 하데. 아침에 해장국까지 먹고 나왔지."

그날 오후. 또 낮술에 취한 친구가 팬티 바람으로 밖으로 나가 해변 경로당 격인 천막 안 살평상 위에서 낮잠 한숨을 잤다고 한다. 평소에도 자다가 벌떡 일어나 욕설 섞인 잠꼬대를 잘하는 그 친구는 이날도 일장연설 장기자랑을 한 모양이다. 마침 평상 옆 의자의 어르신들이 고함을 냅다 질렀다. "에이 이런 고얀 놈!"

다음 날 점심 때. '연화도 토종닭으로 몸보신이나 하자'는 의견이 모아졌다. 우린 수소문 끝에 민박집 부근 최씨 노인(당시 73세)댁에 닭백숙 세 마리를 주문했다. 아무나 보고도 말을 잘 놓는 친구가 제 버릇 개 못 주고 노인에게 반말을 했다. "이보게, 물 한 잔 주게." 노인의 입에서 불호령이 떨어졌다. "이런 상놈들이 있나, 닭 값 안 받아도 좋으니 당장 나가." 우린 닭다리 하나 먹지도 못하고 민박집 여주인 편에 백숙 값을 지불할 수밖에 없었다.

우린 그런 일들로 섬에서 쫓겨나왔고 그 모임은 연화도 행사를 마지막으로 해체되었다. 여든까지 간다는 세 살 버릇 일찍 버리지 못한 결과는 이렇게 참담하다. "에이 상것들, 싸다싸." 함께 갔던 도반 중 벌써 세 놈이 "이승은 재미없다"며 술한 병씩 들고 재미있는 저승으로 올라가 버렸다.

소록도에서 흘린 눈물

이 세상에는 들리는 소리가 있고 들리지 않는 소리가 있다. '고함'이 있고 '수화'가 있다. 크게 외치는 소리가 고함이라면 들리지 않는 소리는 바로 수화다. 나는 수화의 힘을 믿는다. 우리 속담에 '목청 큰 놈이 이긴다'는 말이 있다. 그건 '법보다 주먹이 가깝다'는 말과 맥을 같이 한다.

불가에서 말하는 '보이지 않는 것은 보이는 것의 위에 있다'는 말은 무엇을 뜻하는가. 눈의 작용인 '보임과 안 보임'을 귀의 역할인 '들림과 안 들림'에 대입해 보면 들리지 않는 수화의 차분한 힘이 고래고래 질러대는 고함의 위력을 능가할 수 있다는 얘기다. 목청 큰 놈이 실사 힘없는 약자를 먼저 제압했다고 하더라도 그것이 진실이 아니면 어느 땐가는 결국 뒤집어지고 만다.

광주인화학교 청각장애자 성폭력 사건을 지켜보면서 '고함과 수화'의 위력을 비교해 보았다. 말 못하는 어린 농아들을 빈 교실에 가둬 두고 성폭행을 저지른 짐승만도 못한 교사들은 힘과 고함을 무기로 그들의 야욕을 채웠을 것이다. 쉬쉬해

오던 사건이 터지자 짐승들은 거짓말과 궤변으로 사건의 본질을 흐렸으며 사건을 수임한 변호사들은 갈고 닦은 언변으로 증인으로 나선 농아들을 거짓말쟁이로 몰아붙였다. 힘 있는 자가 아무리 사실을 호도해도 진실은 결코 묻어지지 않는다.

사건 당시 공판을 맡았던 여검사가 이 사건에 대한 분노의 심경을 담은 글을 검찰 내부 통신망에 올린 것을 옮겨 본다. "6시간에 걸친 증인 신문, 이례적으로 법정은 고요하다. 농아들은 수화로 이 세상을 향해 소리 없이 울부짖는다. 어렸을 적부터 지속돼 온 짓밟힘에 익숙해져 버린 아이도 있고, 끓어오르는 분노에 치를 떠는 아이도 있고…. 눈물을 말리며 그 손짓을, 그 몸짓을, 그 아우성을 본다. 변호사들은 그 증인들을 거짓말쟁이로 몰아붙이는데 내가 막을 수가 없다. 피해자들 대신 세상을 향해 울부짖어 주는 것. 나 역시 내가 해야 할 일을 당연히 해야겠지."

'수화로 이 세상을 향해 소리 없이 울부짖는다'는 대목을 읽어 내려가자 한동안 잊고 있었던 기억 하나가 떠올랐다. 연전에 기독교 봉사단체 회원들과 삼박사일 일정으로 소록도를 방문, 봉사활동을 한 적이 있었다. 일정이 끝나는 마지막 날은 섬 안의 교도소에서 죄수들과 함께 교도소 마당에서 예배를 보았다. 나도 크리스천이긴 하지만 한 번도 목사님의 설교나 기도에서 은혜를 받아 본 적이 없으며 불 같은 성령의 힘을 느껴 보지 못한 채 지금껏 살아왔다. 예배를 보는 중에 찬송가를 부르는 순서가 되었다. 단원 중에 청각장애자 한 사람을 둘러싼 대여섯 명의 소녀들이 단상으로 올라가 〈내 주를 가까이 하려 함은〉이란 찬송가를 수화로 부르기 시작했다.

수화 찬송을 듣고 있으니 갑자기 섬광 같은 불방망이가 뒤통수를 내려쳐 온몸에 전율이 일면서 소름이 돋기 시작했다. 그때부터 걷잡을 수 없는 눈물이 쏟아져 손수건을 적시고 그것도 모자라 웃옷의 양 소매를 흠뻑 적셨다. "야곱이 잠 깨어 일어난 후 돌단을 쌓은 것 본받아서 주께 더 나가기 원합니다. 아멘" 하고 4절이 끝나도록 눈물은 그치지 않았다.

소록도를 떠나면서 "선창에서 생선회 안주로 소주 한잔 하자"라는 후배들과의 약속을 지키기 위해 녹동항 주변의 목로집으로 들어갔다. 마침 비브리오균이 창궐하여 횟집은 손님이 한 사람도 없었다. 우린 하나님께서 봉사활동을 한 공로를 인정하여 날것을 먹더라도 패혈증에 걸리지 않도록 해 주실 것이란 믿음을 갖고 있었다. 선창에 앉아 바다 건너 소록도를 쳐다보기만 해도 수화 찬송의 감동과 눈물이 나의 영혼을 뒤흔드는 것 같았다.

요즘도 소록도의 그날을 회상하면 어떤 힘이 그렇게 많은 눈물을 흘리게 했는지 도무지 알 수가 없다. 그것은 아마 수화라는 육신의 귀로는 들을 수 없는 소리를 영혼의 귀가 들었음이 분명하다. 들리지 않는 소리의 힘은 인간 내면에 도사리고 있는 사악함과 간악함을 눈물로 변주시키는 무서운 힘을 갖고 있다는 것을 늦게서야 알게 됐다.

광주인화학교의 성폭력 피해자들의 수화로 울부짖는 소리

가 드디어 하나님의 귀에 들린 듯하다. 노아 시대에 물의 심판을, 소돔과 고모라에 불의 심판을 내리신 하나님이 놓아들의 소리 없는 함성을 듣고서도 설마 가만히 앉아 계시진 않겠지. 하나님, 저 소리 들리시지요.

아바이마을 갯배

'갯'자가 달려 있는 낱말에는 괜히 정감이 간다. 갯가, 갯벌, 갯마을, 갯내음, 갯것, 갯배 등등 어느 것 하나 정겹지 않은 것이 없다. 갯가나 바닷가나 둘 다 바다를 끼고 있다. 갯가는 뻘과 모래 속에 고동과 게가 살고 있는 동화적 이미지가 강하다. 그러나 바닷가는 파도치는 푸른 바다의 가장자리 해변으로 먹을 것보다는 오히려 볼 것이 많은 화폭의 이미지를 지니고 있다.

지난 초겨울 속초를 중심으로 한 음식여행을 떠나면서 아바이순대 마을을 꼭 들러 보리라 단단히 별렀다. 이번 삼박사일 기간 중에 반드시 들러야 할 곳과 먹어야 할 음식늘을 날짜와 끼니 별로 꼼꼼하게 적어 두었다.

속초의 대표 음식 격인 아바이순대는 나름대로 이름이 나 유명하긴 해도 복어회, 도치탕, 도루묵구이 등 동해에서만 맛볼 수 있는 명물 음식의 위세에 눌려 셋째 날 점심 메뉴로 밀리고 말았다.

속초시 청호동에 있는 아바이순대 마을로 들어가려면 폭 30

여 미터의 갯가 수로를 건너야 한다. 거기를 건너려면 뱃삯 이백 원인 갯배를 타야 한다. 갯배는 이 마을 순대에 버금가는 또 다른 명물이다. 마을 근처로 들어오면 '갯배 타는 곳'이란 현수막이 군데군데 걸려 있다. 마침 아침부터 비가 내려 '우중 갯배'는 한결 운치가 있었다. 갯배지기 영감님은 "이거 한번 당겨 봐, 꽤 재미가 있지" 하면서 배를 끄는 쇠스랑을 넘겨준다.

아바이 마을은 속초항 안쪽 청초호를 바다와 연결시키기 위해 수로를 팔 때 퍼올린 모래톱 위에 생겨난 마을이다. 길쭉하게 생긴 모래 섬 위에 한국동란 때 함경도에서 피난 온 사람들이 움막을 짓고 살았다. 그들이 고향에서 먹던 음식인 돼지순대, 오징어순대, 함흥냉면, 가자미식혜 등이 소문을 타고 알려졌으며 세월이 지나면서 전국적으로 유명한 순대 마을이 되었다.

갯배에서 마을로 들어서자 순대 간판들은 정말 요란찬란했다. 집집마다 '일박이일'이란 문구를 대문짝만큼이나 크게 써 붙여 두고 있었다. 강호동 팀이 KBS 인기 프로인 '일박이일'을 이곳 어느 집에서 촬영을 한 모양이다. 그런데 어떤 집은 유리 문짝에 호동이가 순대국을 먹고 있는 사진을 교묘하게 붙여 마치 이 집 안에서 식사를 하고 있는 것처럼 보이도록 눈속임을 하고 있었다.

이보다 더 웃기는 것은 '일박이일 출연진이 먹던 그 맛' '일박이일 방영' '일박이일 촬영장소 아바이마을' 등등 어느 누구

라도 시비를 걸 수 없도록 온갖 말장난을 하고 있었다. 우리는
마을 입구 건어물전에서 아바이순대 마을에 관한 정보를 미리
입수했다.

"어느 식당이 진짜 맛있는 순대를 만듭니까?" "모두 똑같아
요. 요즘은 공장에서 순대를 만들어 일괄 공급하기 때문에 어
느 집을 가도 그 맛이 그 맛이지요." 그 말을 듣는 순간 온몸에
힘이 쭈욱 빠져나가는 것 같았다.

"수제품 순대는 없다는 말씀입니까." "그렇다고 봐야지요.
청초호 옆에 한 집이 있었는데 요즘도 만들라나 모르겠네요."
맛있는 순대국에 밥 한 술 말아 먹기는 틀렸나 보네.

그래도 우리는 희망의 끈을 놓지 않았다. 가르쳐 준 대로 물
어물어 '원조 순대집'을 찾아갔다. "순대는 없어요." 이미 그
집은 전문 젓갈집으로 간판을 바꿔 달고 있었다.

더 이상 아바이마을에 머물 이유가 없어졌다. "그래도 온 김
에 맛이나 보자"길래 이만 원어치를 사들고 "아바이 안녕" 하
며 손 흔들고 돌아섰다.

맛은 징성이 좌우하며 특히 겨울 음식은 온기가 맛을 지배
한다. 정성과 온기가 느껴지지 않는 '일괄공급 공장순대'를 먹
어 본들 그걸 맛깔스런 음식이라 할 수 있을까. 우리 도반들은
저마다 맛사냥꾼임을 자처하는 고수들인데 공장 순대에게서
배신을 당해도 톡톡히 당한 셈이 되고 말았다.

만드는 정성과 방금 익혀 낸 온기가 없는 순대를 먹으니 차
라리 얼음이 둥둥 떠 있는 동치미 국물에 만 막국수 한 그릇을

뒤집어쓰는 게 오히려 후련할 것 같았다. "물치항 쪽으로 내려가 샘막국수집에서 점심이나 먹는 게 어때." "좋지, 좋고 말고" 이냉치냉(以冷治冷)이 바로 이런 것이로구나.

냉면 먹자

경상도 사람이 미식가가 되긴 어렵다. 지리적 여건이 음식과
는 거리가 멀다. 성품 또한 굵고 강직하기만 했지 자상하거나
오밀조밀하지 못하다. 그래서 밥을 먹을 때 국과 된장 그리고
김치만 있으면 그게 끝이다. 경상도에 맞물려 있는 동해는 바
다가 깊어 미각을 단련시킬 생선과 갯것들이 나지 않는다. 기
껏해야 갈치, 고등어, 가자미뿐이고 내륙 깊숙한 안동지역에
선 비린내도 나지 않고 잘 변하지도 않는 문어를 양반 고기로
취급할 뿐이다.

냉면만 해도 그렇다. 경상도 사람 중에 냉면을 제대로 즐길
줄 아는 이는 드물다. "냉면 먹자" 하면 "그래" 하지만 냉면을
잔치국수의 아류쯤으로 생각한다. "무슨 냉면 먹을래" 하면
"아무거나"라고 대답하는 이도 있다. "물냉면 먹을래, 비빔냉
면 먹을래" 하면 "너 먹는 것"이라고 대답한다. 냉면이 나오면
미용실에 커트하러 온 사람처럼 가위질부터 해댄다. 그러니까
냉면에 대해선 아는 바가 없다는 얘기다.

냉면은 예술에 가까운 음식이다. 밑반찬은 달랑 얇게 썬 무

김치 하나뿐으로 단순소박하지만 얕잡아 봐선 안 된다. 제대로 된 냉면 육수를 만들려면 아무리 빨리 끓여도 일박이일은 걸린다. 소고기 양지머리로 하든, 돼지고기나 닭고기를 삶아 육수를 빼든 간에 정성을 들이지 않으면 안 된다. 통상 시원한 맛을 내기 위해 기름을 걷어낸 육수에 동치미 국물을 섞는 경우가 많은데 이것 또한 동치미를 맛있게 담가야 비로소 가능한 일이다.

냉면을 제대로 먹는 법을 차근차근 얘기해 보자. 먹기 전에 물을 마시지 않아야 한다. 면을 가위로 자르지 말아야 하다. 이는 송이를 쇠칼이 아닌 대나무칼로 썰어야 하는 원리와 비슷하다. 쇠붙이가 음식에 닿으면 맛이 변하기 때문이다. 냉면은 찬물에도 불기 때문에 10분 안에 먹어야 한다. 면을 먹기 전에 육수부터 맛을 봐야 한다. 면은 한입 가득 밀어넣고 무식해 보일 정도로 씹어야 제맛이 난다.

그릇이 식탁 위에 놓이면 삶은 달걀 반쪽과 계란지단, 배, 수육 등 고명은 육수 안으로 밀쳐둔다. 그런 다음 둥글게 말아둔 면사리를 젓가락 한 개로 중심을 찌르고 남은 젓가락을 열십 자 모양이 되도록 찔러 그릇에 걸쳐 둔다. 왼손은 면이 육수에 빠지지 않도록 잡아 주고 오른손으로 식초를 면발 위에 듬뿍 뿌린다.

식초를 친 사리를 육수에 담근 후 겨자와 양념을 치고 고명을 고루 섞어 먹으면 된다. 마지막으로 남은 육수를 홀라당 마셔야 한다. 삶은 달걀 반쪽은 언제 먹는 것이 좋은지 더러 내

205

기거리가 되곤 한다. 달걀은 냉면을 먹기 전 육수 한 모금 마시며 맨 먼저 먹는 것이 좋다. 메밀의 찬 성분이 위벽을 갉아대는 성질이 있기 때문에 위장 보호를 위해 미리 먹어야 한다. 양을 반개로 줄인 것은 쓸데없는 포만감을 방지하기 위함이다.

우리는 흔히 평양식은 물냉면이고 함흥식은 비빔냉면으로 알고 있다. 금강산 관광길이 열렸을 때 온정각 금강원의 냉면은 모두가 물냉면이었다. 다만 함흥식은 감자 전분이 많아 가늘고 쫄깃한 회색이었으며 평양식은 메밀 함량이 많아 색깔이 검고 면발이 굵은 차이가 있었다.

나는 그동안 외금강, 내금강, 해금강까지 금강산을 세 번이나 다녀왔다. 운 좋게 금강원에서 일인당 30달러짜리 풀코스 냉면을 먹어 본 적이 있다. 요리에 딸려 나온 들쭉술과 기쁨조 출신 아가씨들의 '반갑습네다'란 노래에 취해 전통평양냉면 맛을 몽땅 잊어 먹었다. 참으로 아까운 일이다.

나의 혀가 기억하는 몽매에도 잊지 못할 냉면은 백령도 사곶해수욕장 옆 사곶냉면집(김옥순·032-836-0559)의 황해도식 물냉면이다. 6·25전쟁 당시 황해도 주민들이 대거 백령도로 들어와 정착한 산물이 바로 냉면이다. 육수에 까나리액젓을 넣어 진한 단맛을 낸 사곶냉면은 사리 한 타래를 덤으로 먹고 나서도 쉽게 젓가락을 놓을 수 없는 명품 냉면이었다. 주방 아줌마 중의 어느 누가 눈 깜짝이라도 했으면 그대로 주저앉아 백령도 주민이 될 뻔했다.

나는 여름이건 겨울이건 냉면이 먹고 싶은 날이 있다. 기분 나쁘게 비가 오는 날이거나 정신이 황폐해져 모든 것이 우중충해지는 그런 날 냉면이 먹고 싶다. 기억의 바닥으로 내려앉고 싶기 때문이다.

백령도를 당일치기로 다녀올 수 있다면 한 달에 한두 번은 심청의 인당수 주변에서 놀다가 점심은 사곶냉면을 먹었을 것이다. 우리 뇌는 과거의 기억을 계속 아름답게 편집한다고 한다. 이러다가 내가 혹시 안 보이면 백령도로 이사간 줄 알아라.

백령도 해무(海霧)

백령도의 하늘은 맑게 개어 있었다. 어제까지만 해도 비가 오지 않으면 해무(海霧)가 끼었었는데 오랜만에 햇빛을 본다고 했다. 마중 나온 까나리여행사의 관광버스는 용기포 선착장에서 대경언론클럽 회원 삼십여 명을 싣고 행선지 설명도 없이 무조건 달린다. 말 하나마나 갈 길도 뻔하고 말해 봐야 '백문이 불여일견'이라는 투다.

얼마 달리지 않아 진촌리 사곶해수욕장에 내려 주었다. 이곳은 규조토로 다져진 천연해수욕장으로 해변의 용도는 다양했다. 비상시에는 비행기 활주로로 쓰이고 평소에는 도로로 이용되고 있다. 여느 바닷가와는 달리 대형버스가 달려도 바퀴자국이 나지 않는다. 이곳 모래는 물기를 머금으면 콘크리트 버금갈 정도로 단단해져 천연기념물로 지정되어 있다. 세계에서 이런 해수욕장은 나포리와 이곳 단 두 곳뿐이라고 한다.

사곶해수욕장에서 바다를 바라보고 서 있으니 백령도에 와 있다는 사실이 드디어 실감이 난다. 백령도는 꼭 한번 가보리라 마음먹고 있었지만 실행이 쉽지 않아 항상 끝내지 못한 숙제처럼 찜찜하게 머릿속에 박혀 있었다. 이제 한반도에서 가장 멀리 떨어져 있는 독도, 마라도, 가거도는 물론 백령도까지 다녀왔으니 별 여한은 없는 셈이다. 나중 염라대왕이 "태어난 고장을 얼마나 아느냐"라고 물으시면 산과 바다 섬 등 두루 아뢸 게 많아 크게 다행이다.

사곶해수욕장엔 하늘과 바다, 단단한 갯가 사장말고도 숨은 명물이 또 하나 있었다. 버스기사가 오른쪽 골목 안으로 앞장서서 걷기 시작하자 우린 유치원생 소풍가듯 줄지어 따라갔다. 임시막사 비슷한 판넬 건물인데 그곳이 바로 백령도의 대표 맛집인 사곶냉면(032-836-0559)집이었다. 변변한 간판도 반갑게 맞이하는 이도 없었다. 어쩌면 백령도는 무뚝뚝과 무언(無言)의 천국이다.

냉면이 나오기 전에 네 사람 앞에 감잘날 정도의 작은 접시에 돼지수육이 나왔다. '뚝배기보다 장맛'이라더니 바로 그랬다. 이 집은 90킬로그램 전후의 일 년 미만짜리 돼지고기만을 내기 때문에 맛이 좋다고 한다. 한 점 입에 넣어 보니 별로 씹지도 않았는데 목구멍으로 빨려 들어가고 입안은 비었다는 신호를 보내온다. 제주 똥돼지의 '형님'으로도 손색이 없다.

수육 맛을 못 잊어하는 입맛이 냉면을 보더니 다시 반색을 한다. '본처 죽고 삼 일 만에 장가드는' 꼴이다. 이 집 냉면은 고명이래야 달걀 반쪽과 오이 썬 것밖에 없는데 그렇게 담백하면서 맛이 있다. 도시의 평양식 냉면이 야하게 화장한 여인의 얼굴이라면 백령도 냉면은 입술연지만 살짝 바른 맨얼굴 그대로다. 그런데도 멋이 있고 기품이 있다.

육수의 비법을 알아보려고 주방으로 들어갔더니 질문에 대답은 하지 않고 "마누라가 있느냐"라고 물었다. "마누라 없는 사람이 어디 있냐"라고 했더니 "웬만하면 한 사람 더 들이지"라고 농을 걸어왔다. 이 집 육수는 돼지뼈를 푹 고은 국물에 다시마 우린 물을 부어 생강과 깨를 넣었으며 메밀반죽에는 찹쌀가루를 섞어 오래 치댄 것이라고 했다.

밤에는 갑자기 해무(海霧)가 하늘을 덮어 내일 오후로 예정된 출항이 어려울 것 같아 내심 '그것 참 잘되어 가는구나' 싶었다. 백령도의 일박은 아무래도 모자랄 것 같아 "안개야 걷히지 말아라"고 빌고 또 빌었다. 밤바다의 안개가 얼마나 짙게 내리는지 별구경 나온 산책길이 김승옥의 소설 『무진기행』 속을 걷는 듯했다. 이윽고 〈밤안개〉란 가요의 한 구절이 입속을 맴돌더니 연상작용인지는 몰라도 김추자의 〈무인도〉로 이어져 밤안개 속의 무인도에는 철썩거리는 파도소리가 가슴을 친다.

신발 벗고 걷는 콩돌해변 언덕에는 솔잎 동동주를 팔고 있었다. 술 한 되 육천 원이니 싼값은 아니지만 '참새 방앗간' 원리에 따라 그냥 지나칠 수가 없었다. 술맛보다는 이곳 풍광이 맛을 내주고 동료들이 건네주는 정 담긴 술잔을 출렁이는 파도가 담긴 바다란 큰 잔과 몇 번이나 '짠' 하고 입을 맞추었다. 바다는 참 좋다. 백령도 바다는 더 좋다.

우린 오후 한 시 배로 돌아가야 한다. 점심을 먹기 위해 두

메 칼국수집에 들렀더니 한 개 천 원짜리 짠지떡 두 개와 사천 오백 원하는 칼국수가 나왔다. 양도 많지 않았고 보기에도 세련미가 전혀 없는 두메산골의 음식이었다. 콩밭을 맨 뒤에 새참으로 먹으면 딱 좋을 음식이었지만 맛은 만만찮았다. 들깨를 푼 국물에 굴을 삶아 넣었다는데 칼국수로는 생전 처음 먹어 보는 묘한 맛이었다.

나의 기도 약발은 너무 약한 게 흠이다. 하나님은 좀처럼 나의 기도를 받아 주지 않는다. 하늘을 덮고 있던 안개는 말갛게 걷혔고 우리가 타고 갈 배는 연신 뱃고동을 울리고 있다. 나도 강호동이처럼 일박이일 체질이지, 이박삼일은 하늘에서 허락하지 않았다.

온정각 금강원 냉면

나는 냉면 맛을 잘 모른다. 그래도 냉면을 즐긴다. 맛을 모르는 이유가 있다. 안 먹어 봤기 때문이다. 세 살 때 것이 여든까지 가는 건 버릇만이 아니라 맛도 그렇다. 그래서 어릴 적에 먹어 본 음식이 늙어 죽을 때까지 맛이 있는 법이다. 입안의 돌기들은 맛과 향 그리고 씹히는 감에 대한 기억을 잊지 않고 평생 동안 기억한다.

나는 시골의 가난한 농가에서 태어났다. 중학 2학년 때 짜장면을 처음 먹어 봤다. 굳어서 떡이 되어 있는 것을 칼로 썰어 먹었다. 그 맛은 가히 환장할 정도였다. 대학 1학년 때 장어, 가오리, 병어가 한 쟁반에 담긴 싸구려 생선 모듬회를 처음 먹어 봤다.

냉면을 먹어 본 게 언제인지 정확한 기억은 없다. 아마 안동 36사단에서 병참 장교로 근무할 때 갈비 몇 대 구워 먹고 난 후 평양식 물냉면을 후루룩하고 마셔 본 추억이 아련할 뿐이다. 동료 장교들과 함께 어느 식사 초대에 간 것 같은 희미한 기억이 오래된 사진첩을 보는 듯하다. 음식에 관한 첫 경험을 늘어놓고 보니 약간 부끄럽다.

이런 부끄러운 과거가 밑거름이 되었기 때문에 낯선 음식에 눈뜨게 되었고 이젠 여행과 음식에 관해서는 '반풍수'쯤 되었으니 내가 나를 봐도 대견스러울 정도다. "짜장면을 그때 처음 먹어 봤다는 게 정말이야"라며 놀리던 친구들이 "어디를 가려고 하는데 어딜 찾아가서 무얼 먹을까" 하고 묻는다. "불어터진 짜장면을 먹어 봐"라고 할 수도 없어 묵은 노트를 찾아 전화번호까지 일러 준다.

냉면은 어려운 종목이다. 와인만큼 어렵다. 와인 마니아인 친구 덕에 '들은 풍월'도 있고 여러 종류의 와인을 쇼팽의 피아노 음악이 낮게 깔리는 레스토랑에서 취기가 오를 정도로 마셔 봤다. 그러나 혀가 와인의 국적을 알아내지 못할 뿐 아니라 아직도 고급과 저급을 구분하지 못한다. 그렇지만 값비싼 것이 아무래도 맛이 좋다는 것쯤은 눈치로 때려잡을 수 있다.

냉면도 그렇다. 육수의 비밀을 알아내기가 몹시 까다롭다. 소고기 양지머리로만 삶은 육수인지, 돼지고기와 닭고기를 혼합한 것인지, 야생 꿩고기만을 우려낸 국물인지 도대체 분간이 되질 않는다. 게다가 고기 육수에 동치미 국물을 넣었는지 아닌지도 모를 때가 많다.

그뿐 아니다. 지금도 반으로 자른 삶은 달걀을 맨 처음에 먹어야 하는지, 국물을 마시고 난 뒤에 먹어야 하는지 그걸 모른다. 그리고 또 하나 냉면을 가위로 자르면 정말 맛이 없어지는지, 긴 면발을 빨아 당기다가 입안이 만원사례일 때 이빨로 끊

213

어야 맛이 유지되는지 그것조차 알 길이 없다.

나의 냉면 사랑은 '늦게 배운 도둑질'과 같다. 여태까지 먹어 본 냉면 중에서 가장 기억에 선명한 곳이 딱 한 곳 있다. 거기는 아무나 갈 수도 없고 더구나 지금은 막혀 있는 곳이다. 바로 북한 금강산 외금강 입구 온정각 뒤쪽 산속에 있는 금강원이란 곳이다.

ROTC 동기 중에 건설업을 하는 친구가 스폰서가 되어 금강산 관광에 나서게 되었다. 그는 관광루트 입구에 해당하는 장전항의 부두공사를 맡아 성공적으로 끝마친 금강산 개발의 주역이었다. 우린 부부동반 초청이란 친구의 배려 덕으로 고등학교 국어책에 나오는 정비석의 '산정무한'을 몸으로 읽게 된 것이다.

마지막 날 일인분 30달러짜리인 평양냉면을 먹으러 버스를 타고 금강원으로 들어갔다. 이곳은 일반 관광객들은 드나들수 없는 출입금지구역이었다. 금강원은 귀빈 초대소였지만 전력 사정이 나빠 천정에 달린 백열전구 몇 개로는 통로가 겨우보일 징도였다. 이미 식탁에는 인삼주와 들쭉술을 비롯하여여러 가지 반찬들이 세팅되어 있었다.

메인 디시 격인 생선회와 질 좋은 진짜 참기름으로 무친 고사리, 취나물 등 나물접시가 한 사람 앞에 하나씩 나왔다. 술은 무한 리필, 그보다도 기쁨조 출신인 어여쁜 아가씨 서너 명이 〈반갑습네다〉란 노래를 부른 후 돌아다니면서 서빙을 했다. 평소에 술을 못 마시던 친구들도 아가씨가 따라 주는 들쭉술

한 잔 받으려고 원샷으로 마시고는 또 잔을 내밀었다.

　냉면은 맨 마지막에 나왔다. 친구들 중 반 너머가 취해 있었다. 값비싼 냉면을 술기운이 밀어 낸다고 먹지 않을 수가 없었다. 솔직하게 말하면 지금 생각해도 금강원 냉면 맛은 무슨 맛인지 기억할 수가 없다. 고명으로 무엇이 얹혔는지 삶은 '닭알' 반쪽은 국물 속에 들어 있었는지 그것조차 모르겠다. 다시 한 번 가봐야 할 텐데 갈 수가 없다. 나도 금강산 냉면에 관한 한 실향민이다.

횡성 한우 야외 파티

소고기는 고기 중의 고기다. 크리스천들은 예수 그리스도를 왕중왕이라 부르듯이 지상의 인류는 소고기를 최고의 고기로 친다. 그러나 이슬람교도들이 돼지고기를 먹지 않듯 힌두교를 믿는 인도, 인도네시아, 말레이시아에선 소고기를 먹지 않는 것이 일반화되어 있다. 그건 종교적인 이유라기보다는 문화적인 하나의 관습 때문이다.

간디도 "소는 동물의 어머니다. 소는 대지가 인간의 생명으로 가득 넘치게 하는 것을 도와주고 그것을 가능하게 해 준다"라고 말한 바 있다. 그들은 소를 소중하게 여기는 전통을 어릴 적부터 보고 배워왔기 때문에 소고기를 먹지 않는 것을 마치 힌두의 신앙처럼 여기게 된 것이다.

세계 여러 나라를 여행하면서 가장 쉽게 접할 수 있는 고급 음식이 비프스테이크다. 호텔에서도 등심, 안심, 티본스테이크를 매인 메뉴로 올려놓고 있으며 호사가들의 별난 입맛을 위해 사슴, 양, 악어 스테이크를 곁들이기도 한다. 그리고 바비큐 파티를 즐기는 미국사람들도 소고기를 주재료로 쓰고 있으며 그 외에 옥수수 바나나 등 야채와 과일 등을 숯불에 올려 구워 먹는다.

우리의 관습도 소고기가 육류의 최상급이며 그 다음 자리를 돼지와 닭이 차지하고 있다. 이렇듯 가축이라 일컫는 짐승들은 인간과 떼려야 뗄 수 없는 불가분의 관계를 맺고 있지만 그중에서도 소를 능가하는 것은 없다. 오래전에 상연된 독립영화 〈워낭소리〉를 보면 소 한 마리가 노인과의 끈끈한 정의 단계를 훌쩍 뛰어넘어 산골 오두막 외딴집의 가족 반열에 속해 있음을 볼 수 있었다.

소는 태어나서 죽을 때까지 인간을 위해 희생과 봉사를 하다 죽는다. 죽은 후에는 가죽과 뼈까지 공양물로 바치고 흔적 없이 사라진다. 소는 밭을 갈고 수레를 끄는 궂은일을 도맡아 하고 있다. 영화에서 보듯 장보러 가는 주인 영감을 태워 주는 자가용 역할도 해야 하고 옛날 방앗간에서는 하루 종일 물레를 돌리기도 했다. 싸움소로 길러지면 하기 싫은 싸움을 해야 하고 스페인이란 나라에서 잘못 태어나면 투우사의 날카로운 칼날에 등을 찔려 귀부인들의 환호 속에 숨을 거두는 심히 자존심 상하는 일도 마다하지 않아야 한다.

나는 소고기를 좋아한다. 안심이니 갈빗살이니 하는 정품보다는 등심에 붙어 있는 누런 색깔의 떡심과 오드래기, 울대뼈, 처녑 등 뒷고기류를 즐겨 먹는다. 그런데 횡성 한우가 하도 유명하다 길래 언젠가 강원도 쪽으로 가게 되면 그걸 한번 먹어 보리라 하고 벼르고 있었다. 그것이 이번 가을에 두 차례

217

나 횡성을 지나치는 스케줄이 잡혀 다행으로 여겼다.

동행한 도반들에게 슬쩍 '횡성 한우'를 띄워 보니 "우선 값이 비싸고 제자리 한우가 아닌지 맛이 없더라"라며 시큰둥한 반응을 보였다.

두 번째 여행에선 공교롭게 뜻이 모아져 횡성 쪽으로 차머리를 돌렸다. 횡성 들머리에 들어서니 횡성축협한우라는 간판이 요란했다. 축협이란 공공기관의 막연한 신뢰도에 의지하여 진열장 상품의 값을 물어보니 이건 숫제 사람 잡을 값이었다. 1⁺A나 1⁺⁺A 등급의 고급육은 아예 보이지도 않았고 보통 것이 1인분(160g)에 사만 원이라 했다. "고급육은 어디 있어요" 하고 물어봤더니 "바로 뒤편의 전문식당에 가면 있을 것"이라고 했다. 고급육은 빼돌려져 그곳에 있었다.

여덟 도반 중에는 식성 좋은 2인분 팀이 더러 끼어 있어 양껏 먹으려면 육칠십만 원이 넘게 들 것 같았다. 우린 괘심한 마음을 앞세워 돌아서고 말았다.

발 빠른 도반이 길 건너 농협마트 옆에 있는 정육점을 발견하고 쾌재의 손짓으로 일행을 불렀다. A⁺1 치맛살 한 근(600g)에 삼만육천 원이었다. 세 근(1,800g)을 챙겨 넣고 인근 슈퍼마켓에서 프라이팬 두 개와 소주 몇 병 그리고 라면 여덟 봉지를 샀다.

횡성을 벗어나 홍천 방면으로 들어서니 길가에 맞춤한 정자가 우리를 기다리고 있었다. 버너에 불을 지펴 고기 굽고 라면 끓이고 한참 부산을 떨고 나니 야외 파티장이 근사하게 차려

218

졌다. 레스토랑을 장식하는 꽃은 소주병에 꽂힌 바싹 마른 강아지풀이 대신했고, 조명은 초겨울 태양이 맡았다. 우린 턱시도 대신에 등산복을 입고 하객으로 참석했다. 우와!

헬리콥터 막국수

현대그룹 회장 고 정주영은 전설 같은 인물이다. 불가능을 가능하게 이끌고 간 불세출의 영웅이다. 천재로 떠받들고 있는 스티브 잡스를 앞서는 뛰어난 귀재다. 용감하기로는 이순신 장군에 견줄 만하며 풍류로 따져도 옛날 시색주(詩色酒)에 파묻혀 놀던 한량들에 비겨도 전혀 모자람이 없다.

정주영은 모든 일을 직관으로 처리했을 뿐 오래 생각하거나 저울질하지 않았다. 그의 모토는 '빨리빨리'였다. 삼성이 일을 시작하기 전에 100매의 보고서를 꾸민다면 현대는 단 1매로 끝을 내고 바로 현장으로 달려간다. 심사숙고형과 기분파의 장단점이 있기 마련이지만 그는 항상 물속에 뛰어들고 나서 헤엄을 배우는 식이었다.

정주영은 열여덟 살 때 누이 시집보낼 돈을 훔쳐 네 번째 가출했다. 인천 부두에서 하역 일을 하면서 잠을 못 자게 한 빈대에게서 한 소식을 얻는다. 그것은 불가에서 흔히 말하는 깨침의 경지였다. 인부들은 빈대의 습격을 피해 물 담은 양재기를 상다리에 끼우고 그 위에서 잤다. 그러나 빈대는 새로운 방법을 고안해 냈다. 벽을 타고 천정으로 기어올라가 가장 맛있는 살갖 부근으로 다이빙하여 피를 빠는 방식이었다. "옳다. 바로 이것이구나." 하찮은 미물도 먹이를 얻기 위해선 온갖 지혜를 다 짜내는데 사람이 못할 일이 어디 있으랴.

그는 1973년 석유파동 때 중동에 일거리가 많은데도 우리 기업들은 '사막은 덥고 물이 없어 공사를 못한다'며 뒷짐만 지고 있었다. 박정희 대통령의 요청으로 중동을 다녀온 그는 이렇게 말했다. "1년 내내 비가 오지 않으니 공사하기 좋지요. 자갈과 모래는 현장에 있고 물은 실어오면 되지요. 근로자들은 낮엔 천막에서 자고 밤에 일하면 됩니다." 이것이 바로 정주영의 빈대철학이다. 중동에서 공사가 시작되자 30만 명이 일터로 달려갔으며 보잉 747기가 달러를 싣고 돌아왔다.

정주영은 "어렵습니다"라고 말하는 부하 직원에겐 "이봐, 해봤어"라고 윽박질렀다. 그는 조선업을 하기로 결심하고 돈을 빌리러 영국으로 날아갔다. 영국에 도착한 그는 바로 옥스퍼드대학 캠퍼스에 들어가 10분 정도 산책한 후 버클레이 은행으로 갔다. 은행장에게 자신을 소개하면서 옥스퍼드대 경제학 박사라고 능청을 떨었다. "조선에 관한 논문을 냈더니 두 시간 만에 박사학위를 줍디다." 정주영은 호주머니에서 500원짜리 지폐에 그려져 있는 거북선 그림을 보여주며 "한국은 영국보다 앞서 철갑선을 만든 조선의 종주국이라"고 우겨 결국 차관 도입을 성공시켰다.

이 외에도 빈대철학으로 이뤄낸 업적은 수없이 많다. "한국산 자동차를 만들지 말라"는 스나이더 주한 미대사의 협박을 일언지하에 거절하고 '자동차 현대'를 일궈 냈다. 그리고 소 501마리를 싣고 휴전선을 넘었으며 서해 방조제 물막이 공사 때는 유조선을 끌고 와 거센 물살을 막아 일을 끝낸 아이디어 맨이다.

그의 철학을 몇 가지로 요약하면 고정관념을 버리고 역발상으로 도전하라, 의지를 갖고 긍정적으로 생각하자, 세상에 불가능은 없다, 해보고 안 된다고 말하자, 시련은 있어도 실패는 없다, 도전하고 또 도전하라 등이다.

정주영의 풍류는 아무도 따라올 수 없는 경지에 가 있다. 인터넷에 돌아다니는 '정주영의 여자들'에 관한 이야기를 하려는 것이 아니다. 그런 것들은 영웅호걸들이 하나같이 저지르는 저지레에 불과하다. '남자들의 고추 이야기는 하는 것이 아니다'란 프랑스 속담의 '허리하학론'을 상기할 필요가 있다.

북한이 고향인 그는 막국수를 좋아했다. 점심시간에 맞춰 계동 현대본사 사옥에서 헬리콥터를 띄워 강원도 양양의 실로암 막국수집(033-671-5547)으로 날아간다. 시원한 동치미 국물에 만 메밀국수를 먹고 나선 "값은 싼데 맛은 최고야"라고 한마디하고선 서울로 돌아간다. 그는 한 그릇에 육천 원인 국수값만 따질 뿐 헬리콥터 기름값은 계산에 넣지 않았다. 이만한 풍류가 어디 있을까.

이번 초겨울 동해 여행에 나서 첫날 점심을 실로암 막국수로 때웠다. 마침 앉다 보니 정주영 회장이 자주 앉았던 바로 그 자리였다. 우린 헬기가 없어 차로 네 시간을 달려왔지만 그 맛이나 이 맛이나 꼭 같은 막국수 맛이었다.

풀밭에서 먹는 초밥

"할머니 할아버지, 일본 여행 같이 가요." 손주 녀석의 요청에 멋모르고 따라나섰다. 행선지가 기타규슈(北九州)란 말만 들었을 뿐 구체적 일정은 전혀 몰랐다. 허기야 인생의 가는 길이 항상 미지의 세계이듯 조손(祖孫) 3대의 여행 스케줄을 시시콜콜 물을 필요가 없었다.

갑자기 밀란 쿤테라의 『참을 수 없는 존재의 가벼움』에 나오는 몇 마디 말이 생각났다. "사람이 무엇을 원해야 하는가를 안다는 것은 절대 불가능하다. 우리는 한 번도 리허설을 하지 않고 무대에 오른 배우처럼 인생을 살아가야 한다." 그렇다. "인간은 오직 한 번밖에 살지 못하므로 체험에 따라 사정을 확인해 볼 길이 없다. 따라서 그의 감정에 따르는 것이 옳은 것인지 틀린 것인지 알 길이 없다." 그래서 작가의 말대로 굳이 알려고 하지 않고 바람이 물결을 만들어 흔드는 대로 몸을 맡기기로 했다. 안달하지 않는 삶은 이렇게 편안하다.

미지의 길은 신선했다. 새롭지 않은 것이 없었다. 축소지향의 일본이라더니 기타규슈의 선스카이호텔 방은 됫박만 했지만 착한 가격이 불편함을 상쇄시켜 주었다. 호텔의 일본식 조식은 먹을 만했다. 점심과 저녁은 재래시장의 우동이나 슈퍼마켓의 초밥으로 때웠다. 각자 먹고 싶은 것을 스스로 선택해 먹으니까 값싸고 맛있었다. 큰 버스를 타고 투어 팀을 따라 다니며 맛없는 대형 식당의 음식을 먹는 것보다 훨씬 좋았다.

이동하는 교통편은 'BMW'만 타기로 했다. 버스와 메트로 그리고 워킹, 이 얼마나 근사한 여행인가. 오전 9시에 호텔 셔틀버스가 고쿠라(小倉) 역에 태워 주면 해가 빠질 때까지 돌아다니다 흐느적거리며 돌아온다. 걷다가 먹을 만한 게 눈에 띄면 작은 것은 여섯 개, 큰 것은 세 개를 사서 나눠 먹고 피곤하면 소공원 벤치에서 쉰다. 탄가 시장 내 탄가 우동집의 오뎅과 소바는 별미였다. 시장 입구의 문어 한 토막이 들어 있는 국화빵처럼 생긴 타코야키도 먹을 만했다. 배고플 여가가 없었다.

이튿날, 고쿠라 역에서 시모노세키행 열차(JR선)를 탔다. 요금은 270엔. 열차가 한두 개의 역을 거쳐 도심을 통과한 후 길이 1킬로미터 정도의 간몬 해협을 해저터널로 건너왔는데도 시간은 그리 오래 걸리지 않았다. 부산에서 아주 가까운 시모노세키의 구릉과 산들은 우리의 산천을 쏘옥 빼닮아 있었다. 길옆 일본식 주택만 아니면 한국으로 착각할 정도였다.

역에서 2층짜리 런던 버스(1인당 210엔)를 타고 카라토 시장으로 간다. 카라토 시장은 시모노세키의 명물로 금토일요일과 일본의 국가공휴일에는 야외 풀밭 아무 데서나 식사를 할 수 있는 대형 어시장이다. 여긴 볼 것도 많고 먹을 것도 많다. 삼

225

면이 바다인 시모노세키는 어자원이 풍성하여 가게마다 싱싱한 생선들이 초밥으로 만들어져 있었다. 시장 안은 발 들여놓을 틈이 없을 정도로 붐볐고 가득 쌓여 있는 음식도 순식간에 텅텅 비워지고 있었다.

첫눈에 들어온 것이 복어였다. 그 외에도 고래, 문어, 낙지, 오징어, 고등어, 꽁치, 게 등 온갖 생선들이 정말 푸짐했다. 우린 일단 어시장을 한 바퀴 둘러본 후 무엇으로 점심을 해결할지 긴급회의를 열었다. 노년과 장년과 소년들의 식성이 모두 달랐다. 결국 세대별로 두 사람씩 짝을 지어 자신이 먹고 싶은한 개에 100엔 내지 300엔짜리 초밥과 우동을 사오기로 했다.

카라토 시장의 남쪽 해변에는 잔디밭과 나무판자로 만든 앉을 자리가 마련되어 있었다. 시장에서 먹거리를 사온 관광객들은 삼삼오오 떼를 지어 마네의 그림에서나 볼 수 있는 '풀밭 위의 식사' 장면을 그대로 연출하고 있었다. 정확하게 세어 보지는 못했지만 이삼백여 명이 무질서하게 보이는 묘한 질서속에서 시모노세키의 명물인 생선초밥을 즐기고 있었다. 우리나라 같았으면 의자 몇 개 내주고 초고추장과 야채를 파는 가게들이 판을 쳤을 텐데. 일본과 한국이 다른 점은 바로 이런 것이다.

우리 내외는 복어껍질과 고등어, 문어, 새우초밥을, 손주녀석들은 우동과 튀김을, 아들 내외는 또 다른 생선초밥을 펼쳐놓고 시모노세키 항구가 그려 둔 풍경 속에 앉아 아름다운 시간 속으로 흔들리며 떠내려가고 있었다. 여행용 참소주 한 병으론 내 풍류와 흥취를 감당하기엔 턱없이 모자랐다. 마치 논문 제목과 같은 '풀밭 위에서 먹는 생선초밥이 행복에 미치는 영향'을 곰곰 생각해 보았다. 그러나 구름을 밀고 가는 바람도, 바다 위를 배회하는 갈매기도 그 해답을 쉽게 가르쳐 주지는 않았다.

연인의 성지

배가 불러야 풍경이 보인다. 낡고 해묵은 이야기지만 '금강산
도 식후경'이란 말은 배가 몹시 고팠던 어느 선비가 지은 시
(詩)일 것 같다. 시모노세키 카라토 시장 앞 풀밭에서 우동과
생선초밥을 배불리 먹고 나니 바다 건너 모지코(門司港) 풍광
이 눈에 들어온다. 멀리 동쪽으론 혼슈와 규슈를 연결하는 칸
몬 교가 바다 위에 떠 있다.

　손주녀석들은 나무젓가락을 놓자마자 시장 서쪽 해양관으
로 돌고래 쇼를 보러 달려갔다. 아내와 나는 칸몬 해협을 횡단
하는 해저터널을 왕복하기로 했다. 입장료가 비싸면 건너지
않을 참이었는데 고맙게도 사람도, 자전거도 무료였다.

　바다 위를 연결하는 다리의 길이는 1,068미터인데 터널은
780미터였다. 지하 9층까지 엘리베이터를 타고 내려가니 해저
터널이 평면 직선으로 연결되어 있었다. 안내판에는 편도 15
분 소요라고 적혀 있었지만 우린 12분 만에 대안의 전망공원
으로 올라서서 시모노세키 항을 조망할 수 있었다. 여정이 짧
은 여행객들은 좀처럼 엄두를 내지 못하는 일을 손쉽게 해내

고 나니 무슨 큰일이나 한 것처럼 뿌듯한 희열을 느꼈다.

해저터널 안은 깨끗했다. 공기도 상쾌할 정도로 맑았다. 조깅 차림의 선남선녀들이 달리고 있었고 유모차를 밀고 가는 노인네들도 열심히 운동하는 모습이 보기 좋았다. 어릴 적 통영의 해저터널을 가본 적이 있다. 급우들과 어울려 줄지어 터널 안을 한 바퀴 돌아온 적은 있는데 그곳이 오래 추억할 수 있는 곳은 아니었나 보다. 이 순간 전혀 감흥이 일지 않고 아름다웠던 기억의 토막을 건져 낼 수가 없다.

출발점으로 돌아오니 이번에는 시모노세키-모지코 간 연락선을 타고 바다를 건너 가잔다. 불과 5분밖에 걸리지 않는데도 뱃삯은 390엔이다. 비싼 걸 본전 뽑으려면 중간에 엔진 고장이라도 나야 할 텐데 탈은커녕 눈 깜짝 사이에 도착이다.

모지코는 옛날부터 무역항으로 번창한 곳이어서 역사적인 유물과 이름난 건축물이 많은 곳이다. 칸몬 해협이란 웅대한 풍경 속에 군데군데 서 있는 건조물은 옛 정취를 내뿜고 있고 최근 만들어진 전망대와 자전거길이 잘 다듬어져 있어 고금이 공존하고 있는 아름다운 곳이다. 우리 가족은 해협을 건너 동네 구석구석을 돌아다니다 개폐식으로 열리고 닫히는 개도교(블루윙 모지)라는 다리를 건넜다.

'연인의 성지'라는 별명으로 부르는 이 다리는 길이 24미터짜리와 14미터짜리가 연결되어 열릴 땐 60도 각도로 각각 하늘로 올라간다. 오전 10시부터 오후 4시까지 하루 여섯 번 열리고 닫힌다. 연인들이 열렸던 다리가 닫힌 다음에 건너면 평생토록 헤어지지 않는다고 한다. 이러한 도시의 인프라 하나를 구축해 두고 거기에 걸맞은 스토리텔링이란 의상을 입혀 놓으면 그것이 설사 지어낸 이야기라 해도 관광객들은 몰려들기 마련이다.

'연인의 성지' 덕분에 모지코 일대의 식당과 가게들은 장사가 아주 잘된다. 연인들을 태운 인력거가 이름난 명소를 안내하고 레스토랑을 끼고 있는 미술관도 관람객들이 북적댄다. 우린 이곳 모지코의 최고 명물인 야키 카레를 꼭 먹어 볼 생각이었다. 그러나 생선초밥을 너무 과하게 먹은 탓인지 맛만 보자고 해도 모두가 고개를 흔들었다. 옛 어른들의 "밥배 따로 있고 술배 따로 있다"는 말은 거짓말인가. 야끼 카레를 못 먹어 본 것이 지금 생각해도 못내 서운하다.

대신에 모지코 비루공방에서 생맥주 한 잔을 마시기로 했다. 이곳은 500시시 생맥주 한 잔을 가게 안에서 마시면 500엔, 문밖으로 나와 마시는 테이크아웃은 400시시 한 잔에 500엔을 받는다. 일본인들은 장사를 왜 그렇게 할까. '안과 밖'이란 차이에는 고도의 싱술 즉 100시시란 미끼가 손님을 끌어들이는 것이다.

나는 이 비루공방 앞에서 갑자기 돌아가신 아버지가 생각났다. 장날이 오면 아버지께서는 막걸리 한 되와 파전 한 접시를 시켜 술을 드셨다. 출출한 김에 막걸리를 훌렁 마시고 보니 파전이 남아 있었다. 막걸리 한 되를 더 시키셨다. 이번에는 파전이 남을까 봐 얼른 먹어 치웠더니 막걸리가 남아돌았다. 막걸리와 파전의 박자를 맞추지 못해 장날마다 술이 취하셨다는 보고 싶은 우리 아버지.

나도 생맥주의 박자를 맞추지 못할까봐 테이크아웃 맥주 딱 한 잔만 마시고 돌아섰다.

지례 흑돼지

우리 집은 소를 키우지 않았다. 송아지 살 돈이 없었다. 소꼴을 해올 일손도 없었다. 송아지가 커서 어미 소가 되어도 쟁기질할 장정이 없었다. 그래서 우리 집에는 소가 없었다.

우리 집에는 돼지우리가 있었다. 우리 속에는 돼지 한 마리가 크고 있었다. 두 마리 살 돈이 없었다. 두 마리를 먹일 등겨가 없었다. 그래서 한 마리만 꿀꿀거리며 똥을 쌌다.

우리 집에 닭은 대여섯 마리가 있었다. 병아리는 돈 주고 사지 않았다. 암탉이 낳은 달걀이 병아리가 되었다. 암탉 여러 마리가 수탉 한 마리만 데리고 재미있게 살았다.

우리 집 돼지는 어미 돼지기 되면 장사꾼이 싣고 가 버렸다. 다음 장날 돼지 새끼 한 마리를 들여놓으면 숫자에는 아무 변동이 없었다. 돼지 죽 주고 똥치는 일은 장남인 내 담당이었다. 돼지는 키워서 팔아야 공납금이 되는 줄은 알았지만 그걸 잡으면 돼지고기가 되는 줄은 한참 뒤에 알았다.

어릴 적 생일상에도 돼지고기는 올라오지 않았다. 또래 동무들이 "돼지고기를 많이 먹고 설사를 했다"라는 이야기를 들으면 나도 설사를 한 번 해봤으면 소원이 없을 것 같았지만 설사는 분에 넘치는 꿈이었다.

중학 1학년 때 시원하게 설사를 할 기회가 왔다. 큰누나가 결혼을 할 때 키우던 돼지를 잡았다. 결혼 날짜는 우리 속 돼지의 몸집 크기를 보고 정했다. 알맞게 커 잡아도 좋을 날짜에 혼인 예식을 치른 것이다. 우리 돼지는 그냥 꿀꿀이가 아니라 택일을 전문으로 하는 철학관 주인 노릇을 겸하고 있었다.

일곱 살 때부터 닭을 잡았던 나는 예식 전날 돼지를 잡는다기에 신이 났다. 칼잡이인 선동이 아버지 옆에 섰다가 다리를 붙잡아 주고 엉겁결에 싸붙이는 똥을 치우기도 했다. 순대를 만들기 위해 내장을 장만할 땐 냇가로 따라가 꼬챙이로 창자를 뒤집어 밀가루와 굵은 소금을 뿌려 씻는 일을 거들기도 했다.

잘 삶은 사지는 각을 떠 소쿠리에 담아 바람이 잘 통하는 감나무 가지에 걸어 두었다. 순대는 젖은 삼베 보자기로 덮어 두었다. 불린 찹쌀, 두부와 당면, 부추, 파, 마늘 등을 선지에 버무려 창자 속에 넣고 삶아낸 순대의 맛은 '안 먹고 살아남기보다 먹고 죽을 만큼' 맛있었다. 순대는 생전 처음 먹어 보는 기이한 음식이어서 슬금슬금 어머니의 눈치를 살펴 가며 계속 훔쳐냈다.

비계가 둥둥 뜬 돼지국물에 순대를 넣고 밥까지 말아 두어 한 그릇 뚝딱하고 나니 세상에 부러울 것이 없었다. 그런데 저녁답이 되자 갑자기 뱃속에서 우르릉하는 천둥소리가 들리더니 먹구름이 쫠쫠 흘러내리기 시작했다. 초근목피에 길들여진 기름기 없는 내장이 한꺼번에 밀어닥친 순대와 비계의 분출하는 에너지를 감당하지 못했다. 초등학교 시절에 그렇게 원했던 '설사의 꿈'이 드디어 이뤄진 것이다. "아이구, 배야. 하나님 아버지, 감사합니다. 아이구."

토요산방 도반들과 고로쇠 물을 마시러 김천 청암사를 거쳐 수도암엘 갔다. 물 받으러 간 사람들이 산에서 내려오지 않아 물맛은 보지 못했다. 그러나 암자로 올라가니 이틀 전에 내린 눈이 자북하게 쌓여 발목이 빠질 정도였다. 아이젠은 없었지만 눈 산행을 즐길 절호의 찬스였다.

"올라갈 수 있는 데까지 가보자." 수도산 정상으로 향하는 능선길은 몹시 미끄러웠다. 어느 누가 소리를 질렀다. "내려가서 지례 흑돼지나 먹자."

지례 흑돼지는 누나가 시집갈 때 잡았던 우리 집 돼지와 모양이 흡사했다. 토종에 아주 가까운 검은 털을 가진 왜소한 체형이었다. 그렇지만 물 맑은 산골에서 자라 비계는 차지고 투명하며 살도 탄탄하고 쫄깃쫄깃했다.

지례에 도착한 후 식당 중에서 손님 신발이 가장 많은 삼거리식육식당으로 들어갔다. 고기 굽는 매캐한 연기와 손님들의 "여기 추가요" 하는 소리들이 범벅이 되어 온통 난장판이었다. 음식점이 절간처럼 조용하면 맛은 별로라는 걸 나는 안다.

우리는 소금구이 7인분에 막걸리를 시켰다. 지례 흑돼지구이와 상주 은척양조장의 '은자골 탁배기' 맛이 멋지게 잘 어울렸다. 오랜만에 맛있는 삼겹살을 한입 먹어 보니 어릴 적 고향 생각이 났다. 갑자기 '설사를 하고 싶다'는 생각을 하곤 혼자 웃었다.

몽골의 별밤

몽골의 밤은 깊어야 어두워진다. 캄캄해지기가 싫은지 밤 아홉 시가 되어도 어두워질 기미를 보이지 않는다. 자정이 넘어 하늘을 쳐다보니 주먹만한 별들 사이로 미리내가 흐르고 있었다. 어릴 적 고향집 멍석 위에서 어머니 무릎을 베고 쳐다보던 바로 그 여름 하늘이었다.

감격은 상상을 부추긴다. 알퐁스 도데의 『별』이란 소설에 나오는 주인집 아가씨를 사랑하는 목동의 아름다운 마음씨가 몽골의 별 속에 숨어 있는 것 같았다. 그러다가 윤동주 시인의 〈별 헤는 밤〉이란 시가 도데의 별을 밀어내고 자리를 잡는다. "별 하나에 추억과/ 별 하나에 사랑과/ 별 하나에 쓸쓸함과/ 별 하나에 어머니, 어머니/ 어머니, 나는 별 하나에 아름다운 말 한 마디씩 불러 봅니다." 북간도에서 지은 이 시는 이곳 몽골과 가까워 정말 정감이 간다. 시인의 별에 대한 간절함이 오늘 밤하늘을 쳐다보고 서 있는 나에게로 전이되어 뭔가 모를 애절함과 그리움에 빠져든다.

몽골의 하늘은 별이 장식해야 밤을 더욱 밤이게 한다. 달과 별이 없는 회색 하늘을 노래한 시인이 있었던가. 달은 서쪽하늘로 걸음을 재촉하는 초승달이 제격이며, 혼자 떨어져 외로움에 떨고 있는 별이 글의 소재가 된다.

"황량한 초원을 조랑말을 타고 건너리/ 허리에는 말린 말고기 한 줌 차고/ 너무 지쳐 돌아올 길 아예/ 잃어버릴는지도 모르지./ 어떠랴, 누우면 하늘을 가득 메우고/ 내 온몸을 따뜻이 감싸주는 수많은 별이 있는데.(중략)/ 어깨에는 물병 하나 뻐딱하게 메고/ 바람 부는 초원을 조랑말에 업혀 건너리."(신경림의 시 〈조랑말–몽골에서〉 중에서)

'지구는 둥글다'고 주장한 이는 서양의 코페르니쿠스(1543년)와 갈릴레오(1632년)가 있다. 그러나 조선조 세종 때 이순지(1418년)가 월식 현상을 보고 '지구는 둥글 수밖에 없다'는 주장을 한 것이 그들보다 백 년을 앞선다. 그러나 몽골 초원의 구릉 중에서 제일 높은 오름에 올라서면 지구의 둥근 모양을 하나님이 파아란 하늘 테두리 액자에 넣어 창세기 때부터 전시 중인 것을 볼 수 있다.

그 오름에서 하늘을 쳐다보면 뭉게구름을 장식처럼 두른 푸른 하늘이 둥글게 퍼져 있다. 몽골은 하늘도, 달도, 별도 우리나라 것보다 훨씬 크다. 연전에 '하늘 만평 사뒀더니'란 산문집을 낸 시인이 있었다. 그는 한국의 값비싼 하늘을 산 모양인데 이곳 몽골 것을 샀더라면 공짜에 수천만 개의 별을 덤으로 얻었을 텐데. 부동산 투기도 앞차를 타면 손해 볼 때도 있는가보네.

몽골 도착 첫날, 우리 일행은 방갈로식 게르에서 세 시간쯤 잤는데도 영육(靈肉) 모두가 개운했다. 공기가 맑은 탓이라 했다. 이튿째는 이정표 없는 초원을 시속 30킬로미터 속도로 170킬로미터를 달려야 다음 숙소에 도달할 수 있다. 초원에서 보이는 건 오로지 지평선뿐이다. 멀리 유목민 한 세대가 게르 옆에서 양과 염소를 몰고 있는 목가적 풍경이 움직이는 단 한 편의 동영상이다.

초원이라고 안심할 일은 아니다. 우기 때 물구덩이 속으로 바퀴가 빠지면 그야말로 속수무책이다. 우리 앞서 온 팀들은 차량 두 대가 진흙탕에 빠져 20시간 동안 추위에 떨다가 겨우 구조됐다고 한다. 우리도 몇 번이나 포기하려 했으나 우여곡절 끝에 미끄러운 수렁에서 헤어나올 수 있었다. 그럴 때마다 나는 시편 23편에 나오는 "여호와는 나의 목자시니 나를 푸른 초장에 누이시며 쉴 만한 물가로 인도하시는도다"라는 구절이 절로 흥얼거려졌다.

오늘의 고생을 우리는 양고기 요리로 보상받았다. 독한 배갈 한 잔을 입에 털어 넣고 간과 등심을 썰어 날것으로 그냥 씹어 보니 이건 천국의 요리이지 초원의 음식은 이미 아니었다. '날렵하게 아름답다'는 말이 음식맛 표현으론 어떨지 모르지만 정말 미칠 만큼 맛있었다.

"별 보러 가자"고 누가 소리를 질렀다. 약간의 취기를 앞세워 한달음에 언덕 위로 올라가니 하늘에는 별 잔치가 한창이었다. 국자처럼 생긴 북두칠성 족대가 연신 별 먼지(star dust)

를 퍼내는지 은하수는 달의 강(moon river)이 되어 남으로 흘러간다. 김광섭의 〈저녁에〉란 시가 내 입술 밖으로 별가루처럼 쏟아진다. 기막히게 아름다운 몽골의 별밤이다.

"저렇게 많은 중에서/ 별 하나가 나를 내려다본다/ 이렇게 많은 사람 중에서/ 그 별 하나를 쳐다본다/ 밤이 깊을수록/ 별은 밝음 속에 사라지고/ 나는 어둠 속에 사라진다/ 이렇게 정다운/ 너 하나 나 하나는/ 어디서 무엇이 되어/ 다시 만나랴."

길거리 딤섬

만두를 처음 먹어 본 것이 언제인지 정확하지 않다. 짜장면은 중학생 때, 생선회는 대학 입학 직후, 만두는 아마 그 이후일 것 같다. 음식을 처음 먹어 본 날짜보다는 그 후에 얼마나 즐기고 있는지가 더 중요하다. 만두를 찾아다닐 정도는 아니지만 차이나타운을 지나치는 경우가 있으면 아주 맛있는 딤섬(Dimsum)을 먹어 봤으면 하는 충동을 느낀다.

짜장면은 중국음식의 왕중왕이다. 짜장면 자체가 값비싼 요리보다 낫다고 생각하고 있다. 그러니까 만두는 별로 먹어 본적도, 먹고 싶지도 않은 그렇고 그런 음식이었다. 그런데 캐나다 여행 중 벤쿠버 차이나타운의 딤섬 전문음식점에서 여러종류의 만두를 먹어 보고 나서 '무식이 용감'한 것을 그때 처음 알았다.

'맛(味)은 식(識)과 통한다'는 말이 있다. 줄여 얘기하면 '뭘좀 알아야 한다'는 말이다. '예술은 물론이거니와 음식까지도 아는 만큼 보인다'는 말은 진리에 가깝다. 경험하지 않은 미래를 동경하진 않고 무조건 경원하는 태도는 아집을 고집불통으로 변환시킬 뿐이다. 캐나다 여행에서 돌아와 일부러 만두집을 찾아가 보았다. 기존 관념을 버리고 만두 예찬론자로 변하긴 했으나 나의 입맛이 원하는 그런 딤섬을 만날 수는 없었다.

그러다가 5년 뒤인 1995년 중국의 황산 등반에 나섰다. 다섯 시간 걸어 올라가 북해호텔에서 자고 여덟 시간을 걸어 도원호텔로 내려오니 황산에서만 삼박사일이 걸렸다. 계림으로 떠나기 전 황산시내 시장에 잠시 들렀다. 마침 길 옆 가게에서 돈 몇 푼으로 만두를 샀더니 벤쿠버의 딤섬 런치에서 먹어 본 그 맛보다 오히려 좋은 것 같았다. 악우들도 한결같이 "이렇게 맛있는 만두는 처음 먹어 본다"며 찬탄들이었다.

황산에서 먹어 본 단 한 개의 만두가 내 의식 속에서 변화의 바람을 일으키고 있었다. '만두는 중국이다.' 회전 수레가 쉴 새 없이 돌아가는 좌석에 앉아 눈사냥으로 집어올려 먹는 벤쿠버 딤섬 런치의 맛은 중국인 쉐프가 캐내디언 입맛에 맞게 만든 인공의 변형된 맛이었다. 그러나 황산 시장 아줌마가 직접 반죽과 소를 주물러 만든 만두는 먹거리의 원형에 가까운 그런 맛이 아닐까.

만두에 관한 나의 취향이 중국 쪽으로 기울 무렵 구채구란 '물의 계곡'으로 여행을 가게 되었다. 그때만 해도 상해에서 가는 항로가 없어 우리 일행은 서안에서 버스를 타고 12시간을 달려 구채구에 도착했다. 북경에서 이박삼일간 열차를 타고 상해로 달려온 가이드는 조선족 24세인 이광화란 청년이었다. 나는 그 친구를 만나는 순간 나의 해묵은 만두 욕심이 위장 속에서 꿈틀거리고 있었다.

"가이드 팁은 알아서 줄 터이니 내가 버스를 세우라면 세워야 한다. 알겠제." "예." 가이드들은 미리 예약된 식당에 관광객들을 모시고 가서 매상을 많이 올려야 주인으로부터 매출액에 대한 사례비를 받는 것이 관행이다. 그렇기 때문에 가이드들은 길거리 시장에 차를 세우라면 불결한 위생을 핑계대면서 승객들의 요구를 거절하기가 일쑤다.

가이드의 양해를 얻은 후 마침 만두집이 보이길래 차를 세웠다. 만두의 크기가 꿩알만치 작게 빚어둔 가게로 들어갔다. 갖고 다니던 빼갈 한 병과 만두 한 소쿠리가 눈 깜짝할 사이에 없어졌다. 다시 옆집으로 들어가 갓 빚은 중간치기 만두 한 솥을 싹쓸이하고 일어섰다. 양쪽 가게의 만두 값은 칠천팔백 원이었는데 한화 육만 원짜리 우량예(五糧液) 두 병이 날개도 없이 대륙의 하늘로 날아가 버렸다. 이름조차 잊어버린 시골에서 맛본 부추와 돼지비계가 적당히 버무려진 만두 맛은 정말기가 막힐 정도였다.

올겨울 손자들의 방학 여행에 조손(祖孫) 3대가 함께 떠나기로 했다. 일본 키타규슈(北九洲) 지역의 모지항(門司港)과 시모노세키 일대를 샅샅이 둘러보는 것으로 일정을 잡았다. 식사는 전통시장의 우동집과 슈퍼마켓의 초밥이나 김밥으로 때우고 밥 먹을 장소가 만만찮을 땐 소공원의 벤치나 길거리조차 마다하지 않기로 의견을 모았다. 이 방법은 바닷가 여행을 자주하는 나의 도반들이 흔히 하는 방식이다.

여행 이틀짼가, 고쿠라(小倉) 역 인근의 탕가 시장에서 먹음직스럽게 보이는 양자강 돼지만두집에서 어른 주먹만한 만두 3개(개당 190엔)를 샀다. 시장 내 가게들은 장소가 좁아 모두가 테이크아웃이란다. 우리 가족은 맥도날도, 롯데리아, 시로야 빵집이 줄지어 있는 고가교 밑 간이의자에 앉아 만두 반쪽씩을 먹으며 서로 쳐다보며 웃었다. "할아버지!" "왜?" "히히…."

모차르트를 먹다

어제 저녁에는 멋진 식사 자리에 초대되는 행운을 누렸다. 꿈 같기도 한 환상적인 모임이었다. 평소에 근사한 레스토랑에서의 식사 풍경을 나름대로 상상해 보곤 그게 바로 '그림의 떡'이라 생각한 적이 한두 번이 아니었다.

내가 꿈꿔 온 우아한 식탁은 첫째 양탄자 위로 흐르는 피아노 선율이 발목을 덮어야 하고 조명은 밝지도 어둡지도 않게 은은해야 한다. 와인을 천천히 마시고 있을 때 메인 디시에는 진미 요리가 한두 가지쯤 나왔으면. 그 요리는 삭스핀, 새끼 오리 가슴살 아니면 색깔 고운 훈제연어 요리에 양젖 치즈가 곁들여졌으면 좋겠다. 그 다음엔 분위기에 설맞은 젖은 눈빛의 여인이 맞은편에 앉았으면….

진미 요리 얘기가 나왔으니 말이지만 내가 유럽에서 태어나 큰 코를 가진 쉐프들 사이에서 최고급 식탁을 디자인하는 행운을 잡을 수만 있다면 세계 3대 진미요리를 나의 메뉴에 포함시켰을 것이다. 그것은 송로버섯(Truffle), 거위 간(Foie gras), 철갑상어 알(Cavier)이다. 나는 아직 이 진미들을 만나 본 적도, 먹어 본 적도 없다. 미안하지만 겨우 만난 것들이 짝퉁들, 새송이버섯, 닭 간, 도루묵 알 정도가 고작이다.

그런데, 그런데 말이다. 엊저녁에 내 생애 중에 도저히 일어날 것 같지 않았던 희귀한 일이 벌어졌다. 바로 송로버섯을 만난 것이다. 그리고 먹어 보았다. 까놓고 이야기하면 기적에 가까운 일이다. 기적이란 도저히 불가능한 일이나 상황이 찰나에 가능 쪽으로 기울어 곤두박질치는 것을 이른다. 사람이 기적을 만나면 정신이 혼미해지든지 엉덩이를 자리에 붙이지 못하고 몽유병자처럼 밤길을 헤매고 다녀야 한다. 어젯밤 내가 그랬다.

농촌에서 태어나 궁핍과 어깨동무하고 자란 나는 어느 누가 "밥"이라고 말하면 보리밥에 김치와 된장찌개를 먼저 떠올린다. 외식을 할 경우 한정식 상 앞에 앉아 있어도 마음은 '돼지국밥이나 육개장 한 그릇을 먹었으면 좋겠다'는 생각을 지우지 못한다. 그런 나에게 송로버섯이 가당키나 하겠는가.

대여섯 명의 지인들이 모였다. 송로버섯은 달걀 10개 들이 꾸러미와 비슷하게 생긴 흰색 용기에 여러 겹으로 쌓여 있었다. 골프공보다 좀더 큰 흰색 송로였다. 가격은 육백 달러가 넘는다니 경외심과 존경심이 한꺼번에 일기 시작했다. 이탈리아 친구가 제철음식이라며 선물한 것을 이날 파티의 메인 요리 재료로 갖고 온 것이다.

귀한 버섯이 주방장 손으로 건너가기 전 돌아가면서 냄새를 맡아 보았다. 검은 것보다 훨씬 고급인 흰 송로의 향은 강하면서 우아하고 성적 흥분 효과를 내는 페로몬 향 탓으로 사무치게 관능적이다. 그래서 고대 그리스 시대에는 송로버섯이 고관대작들 사이에 귀한 음식이자 최고로 치는 최음제였다. 또 중세 유럽에선 정조대를 차고 있던 군인들의 아내들이 미남 귀족들의 송로요리 초대에 끓는 피의 기운을 참지 못하고 누가 아는 체하며 어깨만 탁 쳐도 발랑 넘어지고 자빠졌다는 당시의 기록이 전해 내려오고 있다.

밤나무꽃은 과부들이 사족을 못 쓸 정도로 음기가 충천하는 내음이란 소문이 퍼져 있지만 송로버섯은 은근한 그리움 같은 향내가 번진다고 한다. 나는 이날 밤 혀를 촉촉하게 적시는 화이트 와인의 풍미 때문에 송로버섯의 향을 제대로 느낄 수는 없었다. 숫총각 첫날밤 치르듯 멋도 모르고 맛도 모른 채 냄새도 맡고 얇게 썬 살점을 먹긴 먹었다. 그러나 기억의 갈피 속에서 그 향내와 속살 맛을 도저히 그려 낼 수는 없다.

이탈리아에선 송로버섯을 대중 교통수단으로 운송하는 것을 금하고 있다. 프랑스의 어느 작가는 "송로버섯 맛을 보면 신을 사랑하게 된다"는 글을 쓴 적도 있다. 그 맛이 어떤 맛이길래 신을 사랑할 정도라면 옆에 앉아 있는 여자나 남자를 사랑하기는 식은 죽 먹기보다 쉬운 일이 아닐까. 송로버섯은 굽거나 볶거나 자체 조리는 하지 않는다. 파스타, 리소토, 달걀, 샐러드, 스테이크 등 기존 요리 위에 얇게 썰어 고명처럼 접시나 음식 위에 얹어 낸다.

진미 요리는 돈으로 먹는 것이 아니라 정으로 먹는 음식이다. 돈 많은 부자들이 현찰을 주고 사 먹을 수는 있지만 그건 쉽지 않은 일이다. 오늘의 경우 이탈리아 친구에게 송로버섯 한 개 가격의 몇십 배의 은덕을 평소에 베풀었기에 그가 맘먹고 그곳 제철 음식을 선물로 가져온 것이 아닐까. 그래서 인간의 정은 항상 돈의 상위개념으로 존재하는 것이다.

19세기 이탈리아 음악의 거장 조아키노 로시니는 송로버섯을 '버섯의 모차르트'라고 추켜세웠다. 나는 어젯밤 우아한 레스토랑에서 모차르트를 먹으며 쇼팽의 피아노의 음악을 들었다. 이제 나도 신을 사랑할 딱 좋을 나이가 되었다.